DIX-NEUF ANS

DE RÉPUBLIQUE

Des Faits!

PARIS
E. DENTU, ÉDITEUR
LIBRAIRIE DE LA SOCIÉTÉ DES GENS DE LETTRES
3, place de Valois, Palais-Royal.
—
1889

DIX-NEUF ANS

DE

RÉPUBLIQUE

$\left(\begin{array}{c}\text{4 SEPTEMBRE}\\ \text{1870 - 1889}\end{array}\right)$

Des Faits!

Par le Dr CHASSAGNE

Vice-Président de la Commission d'Initiative et de Propagande de la Société des
Droits de l'Homme et du Citoyen

PARIS

E. DENTU, ÉDITEUR

LIBRAIRIE DE LA SOCIÉTÉ DES GENS DE LETTRES

3, place de Valois, Palais-Royal.

—

1889

HISTOIRE POPULAIRE DES COUPS D'ÉTAT EN FRANCE

18 Brumaire — 2 Décembre — 16 Mai 1877 — 1888-89

Le Général BOULANGER

« *Les Droits de l'Homme
non les Droits d'un homme!* »

Par le D' Chassagne — 1 fr. Paris, Dentu — 4ᵉ édition

CHAPITRE I
FAITS de la République pour le PAYSAN

1° *Importance politique de* l'OUVRIER de la TERRE *en France.*

18 millions de *Paysans* — d'hommes de notre *Pays* — touchent à la terre et en vivent (1).

Sur 6 millions d'exploitations agricoles 5 millions ont moins de 10 hectares, sur 36,000 communes 27,000 ont moins de 1,000 habitants et sont des communes rurales, c'est dire le grand rôle dans l'Etat de l'ouvrier du sol du « producteur du pain. »

2° *Ce qu'a fait la République pour* les RÉCOLTES du PAYSAN.

Elle les a défendues par les lois de 1885 et du 27 mars 87 qui ont élevé les droits de 60 c. à 3 fr. pour les avoines, seigles, orge en grains malt, et à 5 fr. pour les farines et *blés étrangers* affluant d'Amérique, d'Odessa, de Hongrie, et en dernier lieu de l'Inde (2).

Des mesures de défense pour *l'élevage* ont été prises contre les importations de bestiaux et les droits se sont successivement élevés à bœuf, 38; va-

---

(1) Exactement 18,219,000 (J. Off. 26 avril 89 p. 792).

(2) Statistique officielle du Gouvernement anglais : les exportations de blé de l'Inde ont atteint 15 millions de quintaux en 1885, 22 millions en 1888.

che, 20; mouton, 8 fr. par tête ; viande fraîche, 12 f. les 100 k., avec inspection à la frontière, et droits de visite aux frais de l'importateur (loi du 24 juin 89.)

3º Pour la VENTE de ses RÉCOLTES

Les canaux, les rivières (chemins qui marchent) les chemins de fer, chemins ruraux et d'exploitation (v. p. 9) surtout les chemins vicinaux, couloirs de commune à commune, sont les « conducteurs » des récoltes. La loi du 26 décembre 1879 affranchit du droit de circulation intérieure perçu par l'Etat, les chargements en grains, farines, riz, pommes de terre et légumes secs circulant par bateaux sur les rivières ou canaux non concédés. Le réseau des chemins de fer a été porté de 16.920 kilomètres exploités en 1869 — à 32.000 k. de nos jours.

Les rivières navigables de 7.300 à 11.855.

Les canaux de 3.369 kilomètres à 4.789 (*J. off.*, 8 janvier 1870, p. 44 et Statistique de la navigation intérieure, 1888, p. 11).

Quant à la vicinalité, les 841 millions prévus par l'Empire pour achèvement s'élèveront en fait pour construction, entretien et finissement réel à 1.444 millions (rapport Bastid) acquittés en grande partie par la troisième République pour cette œuvre de « jointure ». Après la liquidation de la Caisse des chemins en 1885 et pour ne pas les laisser « en l'air » au seuil de l'achèvement, une loi du 24 juillet *88* (Carnot Sarrien) (1) a réglé les conditions dans lesquelles les départements et communes peuvent emprunter 8 millions pendant trois années pour

---

(1) Nous mettons en *italiques* les *faits* de la dernière législature qu'on a voulu un peu stériliser (v. p. 68) et entre parenthèses les députés qui ont eu l'initiative de ces *faits*.

terminer la puissante vicinalité française de 560,000 kilomètres. Ces « plans inclinés » vers la vue, qui est une leçon de choses, des comices, méthodes, expositions de produits voisins tirent le paysan de chez lui et sont les affluents des récoltes vers les gares, ports et *marchés*.

Les *marchés* eux-mêmes, lieux d'offre et de demande des récoltes qui dépendaient sous l'Empire du bon plaisir des préfets (décret du 13 août 64) passent par la loi du 16 septembre 1879 sous les attributions des conseillers généraux *élus* — des hommes du *pays* — qui statuent *localement* sur l'établissement, suppression ou changement de leurs foires et marchés provoquent des conférences inter-départementales et des arbitrages pour ceux des communes limitrophes.

4° Ce qu'a fait la République pour le **PAYSAN** du **VIN**

Elle a exonéré pendant 4 ans d'impôt foncier les terrains nouvellement plantés en vignes dans les départements phylloxérés, les plantations à venir jouiront des mêmes privilèges (art. 1). Des syndicats agricoles ont été créés avec subvention d'un million dès 1879, puis à l'imitation de la Suisse et de l'Allemagne qui se protègent très rigoureusement du contage, les syndicats pour la défense des vignes ont été rendus obligatoires, ils sont fondés pour cinq ans et peuvent être renouvelés. Loi du 25 décembre *88* (Develle Ganivet).

La récolte du vin tarie de moitié (1) a conduit aux *simili-vins* et bien que les laboratoires d'ana-

(1) La production du vin de 56 millions d'hectolitres, 1.128 millions de francs en 1877 a « coulé » en 1886 à 25 millions d'hectolitres, valeur 501 millions (*Journal d'agriculture pratique*, 1888, p. 235).

lyses créés aux frontières aient fortement atteint les vins chimiques « faits » à l'étranger, le Parlement a voté (15 juillet *89*) une loi sur les imitations de vins par raisins secs, figues, dattes, caroubes, glucose « toute matière sucrée cette *margarine* du vin ». Les mauvaises copies de l'inimitable « vin de vendange » porteront désormais l'étiquette de vin de sucre (art. 2) ou vin de raisins secs (art. 3) « ces fraudes s'exerçant surtout aux dépens du consommateur pauvre et du vigneron laborieux ».

5° *Pour le* PAYSAN du SUCRE

La loi du 29 juillet 1887 abaissa l'impôt de 80 à 50 fr. les 100 k., tout le sucre extrait des betteraves au-delà d'une quantité fixe était exempt d'impôt, le sucre tomba de 1 fr. 50 à 1 fr. 10 au bénéfice du consommateur.

Cette loi faite pour tuer l'importation allemande eut un succès fort vif (1), culture et outillage se transformèrent à vue, si bien que notre rendement prévu à 6 puis à 7 s'est élevé en réalité à 9 k. 75 de sucre raffiné par 100 k. de betteraves. De fait sur 100 k. de sucre, à peu près 27 échappaient à l'impôt avec perte fiscale de 60 millions annuels. La loi du 24 juillet *88* (Tirard, Gerville-Réache) en élevant le rendement à 7 k. 75 jusqu'en 1891 a satisfait le Budget tout en maintenant le fait acquis du sucre allemand hors de nos marchés (2). Les sucres destinés au *sucrage* des vins ne demeurent astreints

---

(1) En 1883 l'entrée en France fut de 88.000 tonnes et le nombre des fabriques de sucre tomba de 501 à 483.

(2) Dès qu'on *dégrève*, la production s'hypertrophie, si l'on « grève » c'est l'importation. Cette question des sucres essentiellement de juste milieu a été inventée, dit M. Rigaut, pour emplir d'amertume le législateur.

qu'à leur même tarif favorisé de 20 fr. les 100 k. (Loi du 29 juillet 1884).

6° Ce qu'a fait la République pour l'ENSEIGNEMENT PROFESSIONNEL de l'Ouvrier de la terre.

La loi du 16 juin 1879 a institué l'enseignement départemental et communal de l'Agriculture ; elle porte création, par concours, d'une chaire d'Agriculture dans les départements non encore pourvus de cet enseignement (art. 3) ; le professeur fera des cours à l'École normale primaire, des conférences aux instituteurs et agriculteurs (art. 6), puis des notions élémentaires seront comprises dans l'enseignement obligatoire des maîtres d'école qui rayonneront le progrès jusque dans leurs écoles de hameau.

Les professeurs d'agriculture de toute la France émargeaient 33,000 fr. en 1869, leur traitement est en 1889, 20 ans après, de 736,000 fr., — 22 fois plus considérable.

L'Institut Agronomique créé le 9 août 1876 avec *champ d'expériences* étudie les sciences dans leurs rapports avec l'agriculture, qu'il fait science positive elle-même, 14 bourses lui sont attribuées au concours, les 2 premiers sortants de chaque année reçoivent des missions à l'étranger. Parmi les élèves diplômés de cette « Polytechnique agricole » se recrutera désormais le haut personnel de l'enseignement cultural, des Haras et des *Forêts* auquel depuis le 1ᵉʳ janvier 1889 il est annuellement affecté 10 bourses nouvelles de 1,500 francs chacune.

Au-dessous de cet Institut des hautes études (1)

---

(1) En 1888, 84 élèves et 16 auditeurs libres. L'Institut un peu à l'étroit au Conservatoire des Arts-et-Métiers va être transféré à l'ex-École de pharmacie, rue Claude-Bernard.

s'étagent les 3 grandes écoles d'agriculture de Grignon (Seine-et-Oise), Grandjouan (Loire-Inférieure), Montpellier et l'école d'horticulture de Versailles, puis les 25 écoles pratiques, les 46 stations agronomiques subventionnées, enfin le professorat départemental et les conférences qui, avec les notions gravées sur l'enfant dès la petite école constituent l'intensive vulgarisation dont la République a voulu étreindre la routine.

C'était suivre les traditions de la première République qui donna la terre aux paysans et de la deuxième qui eut l'initiative de cet enseignement à trois degrés: Institut agronomique, Ecoles régionales, Fermes modèles. L'Empire ennemi, comme on sait, des utopies ne put tolérer l'utopie rurale, il réorganisa une agriculture de château et quelques fermes écoles en régie, figurant parfois comme fiefs de sa liste civile — c'est ainsi que la troisième République a dû restituer au Domaine, le château de Grignon, la bergerie de Rambouillet, 389 hectares, le domaine de Pompadour, 408 hectares, celui de la Motte-Beuvron, 426 hectares, et même le potager de Versailles, 9 hectares, qui avaient été en partie acquis par le coup d'État. En transférant ces « conquêtes » de la caisse du preneur dans celle de l'Agriculture et en créant le savoir du *Paysan* (nom qui vaut titre quand, comme aux Etats-Unis, il implique l'instruction liée à l'endurance de travail), la République de 1889 a semé la démocratie à la volée dans le sillon.

7° Pour SON CODE RURAL

Aux Codes appelés Napoléon sous l'Empire, mais élaborés par la Convention et les Cinq-cents, au Code forestier de la Restauration (1827), la 3ᵉ

République vient d'ajouter le *Code Rural*. Le titre 1ᵉʳ du 20 août 81 sur les chemins ruraux les chemins et sentiers d'exploitation, la mitoyenneté des fossés, arbres et clôtures, a par son article 3 « Tout chemin affecté à l'usage du public, est présumé jusqu'à preuve contraire appartenir à la commune » et par l'article 2. « Tout chemin ou sentier d'exploitation est présumé en l'absence de titre appartenir aux propriétaires riverains » mis fin à une foule de procès, vivant du paysan et de la terre. Rien n'a donné prise à plus de chicanes. Les titres 2, 3, 4 et 5 parcours de vaine pâture, durée de louage des domestiques et ouvriers ruraux, colonage partiaire ou métayage, bail emphytéotique, sont venus avec le titre 6 (14 avril 1889). « Des animaux employés à l'exploitation des propriétés rurales » compléter ce Code du paysan, attendu depuis un siècle (1).

8° Pour SES LIBERTÉS COMMUNALES

Dès 1882 est abrogée l'*adjonction des plus imposés* espèce de Conseil municipal des riches, jurant avec le suffrage universel. Ce privilège d'argent s'exerçait en 1873 sur 35,861 communes rurales, 207 seulement lui échappaient; il datait naturellement de la monarchie (1818) et naturellement, aussi voté comme *transitoire*, il a duré plus de 60 ans.

La loi des libertés de la commune (5 avril 84 Floquet, de Marcère) porte le mandat municipal à 4 années, les maires et adjoints sont élus par les con-

---

(1) 67 Conseils généraux et 177 Conseils d'arrondissement, se sont prononcés pour le maintien des *prestations;* peut-être eût-on pu interroger les Conseils municipaux qui frôlent le paysan de plus près.

seils municipaux pour 4 années aussi, les séances sont publiques et publiées (article 54) les sessions extraordinaires facilitées, des commissions de permanence établies pour l'étude des questions municipales (article 59), le maire peut recevoir des frais de représentation, il a une clef du clocher et de l'église (article 101), nomme les gardes-champêtres (1) (art. 102). Le conseil municipal reprend la disposition des deniers, que jusqu'alors il *donnait* obligatoirement aux cultes, il provoque des réunions et conférences, sa suspension ne peut excéder 1 mois, sa dissolution n'a lieu que par décret du Président de la République rendu en conseil des Ministres et « paru à l'Officiel » (article 43) la réélection est obligée dans les 2 mois qui suivent.

L'État n'intervient donc plus que par accident dans la commune qui « tient » son gouvernement et son budget.

Si l'on ajoute les lois donnant au Conseil général le droit de vérifier l'élection de ses membres, d'accorder des autorisations ou concessions de chemin de fer d'intérêt local et tramways, l'ex-Bulletin remplacé par *Officiel des Communes*, qui outre les lois, décrets, instructions, affiche dans chaque village les travaux du Parlement présentant ainsi à l'électeur, le travail « la journée » de ses mandataires, on verra combien cette décentralisation large contraste avec l'étouffement des libertés communales redoutées par les gouvernements qui s'appellent « forts ». La loi du 7 juillet 1852, mettait purement les fonctions municipales dans la main d'un Préfet « fort ».

---

(1) Les gardes-champêtres, gardes-messiers et gardes-vignes ont été institués par le décret du 6 octobre 1791, rendus obligatoires pour chaque commune en l'an III, et sont de création républicaine.

9º FAITS *de sollicitude spéciale de la République pour le* PAYSAN.

Les droits du Trésor sont supprimés pour toutes les ventes judiciaires au-dessous de 2,000 fr.; enregistrement sans frais des immeubles ruraux parcellaires pour en faciliter la transmission, la publicité par insertions, annonces ou affiches, en pourra être faite à moitié prix des autres ventes judiciaires et même par placards manuscrits (article 5). (1)

Dégrèvement de moitié sur les impôts des chevaux et voitures des cultivateurs.

Loi sur les fraudes commises dans le commerce des engrais, (4 février *88*. Méline Hurard). 50 à 2,000 fr. d'amende, le jugement affiché dans plusieurs journaux et sur les portes de l'usine du vendeur. Création d'un service sanitaire contre les épizooties, (157,000 fr. au budget de 1889), de concours régionaux agricoles et hippiques qui devraient trouver plus de lauréats chez les petits qui cultivent que chez ceux qui donnent à cultiver.

Loi sur la destruction des insectes nuisibles à l'agriculture (24 décembre *88*, Méline), que dans son respect pour la propriété du paysan, la République ne permet d'appliquer qu'après avis du Conseil général.

Les *Haras*, réorganisés par la loi de 1875, voient leur budget porté de 4 millions sous l'Empire à 7,870,000 fr. en 1889, avec 2,516 étalons gouvernementaux (2) et 5,421 autorisés. La population chevaline, de 2,740,000 en 1870 avec l'Alsace-Lorraine, est sans elle en 1889 de 2,900,000; l'exportation s'est élevée en 1888 à 38,000 chevaux, dépassant

---

(1) Cette loi du 20 octobre 1884 a été amoindrie en ses effets par l'état d'enclave d'un grand nombre de parcelles.

(2) Il n'y en avait que 1,100 en 1870 (V. *J. off.* 9 février, p. 45).

de 25,000 l'importation. (Budget de l'Agriculture de 1890, rapport Labrousse.)

10° Fraternité de la République pour le
PAYSAN PAUVRE

Modification de l'article 5 du Code forestier sur le partage des bois d'affouage. Ce partage avait été réglé par la Monarchie d'après la toise de bâtiment, ce qui faisait de la futaie le fief des grands propriétaires au détriment du pauvre, il aura lieu désormais par feu et par famille. Loi du 23 novembre 83, défense et réglementation des pâturages communaux. Crédit de 2 millions voté il y a quelques jours, 12 juillet 1889, pour les populations éprouvées par les orages et inondations, enfin projet de loi Cluseret tendant à attribuer une pension alimentaire de 300 fr. à tout cultivateur non propriétaire, âgé de 55 ans et ne pouvant subvenir à ses besoins (*J. Off.* 15 mai 89).

Sans doute, il reste des progrès d'avenir : les révisions de l'impôt foncier, du cadastre, des tarifs de transit et de pénétration, surtout le Crédit agricole, l'argent à bon marché et à longue échéance pour le cultivateur. La République n'a pas la baguette des changements à vue et la bouche d'or des promesses mirifiques, elle n'est pas si parfaite que d'autres — *en paroles* (1).

Peut-être serait-il pratique de réserver les fournitures de l'Armée : blé, avoine, fourrages, non aux

---

(1) Les lois sur l'Enseignement agricole (rapport déposé) sur le Crédit agricole déjà voté par le Sénat, les questions à l'étude des Chambres consultatives d'Agriculture et de l'Assistance publique dans les campagnes, prouvent que le Groupe agricole de la dernière Législature (150 députés dont 15 à peine de la Droite) a eu un vif souci — *en fait* — du progrès.

riches Syndicats agricoles qui vendent déjà des engrais, semences, reproducteurs et machines avec tant de zèle que quelques Chambres de commerce ont voulu leur infliger la patente, mais à de petits agriculteurs syndiqués. Puis au-dessous du « Mérite agricole » qui va, lui aussi, quelquefois — à des cultivateurs « de seconde main » et même de Bureaux — de créer une « médaille de l'épée et de la charrue », payée comme celle du soldat, espèce de rente d'honneur qui récompenserait au village, dans ses labeurs de toute une vie, ce paysan qui après avoir été la plus solide recrue de nos régiments, a vieilli soldat de l'Agriculture.

———

1869 Budget de l'Agriculture du Commerce et des travaux publics réunis **90** millions (1). Part de l'Agriculture (3ᵉ section) **4** millions.
1889 Budget de l'Agriculture *seule*, **36** millions.

(1) L'Agriculture, le Commerce, avec les Travaux publics, étaient tassés pêle-mêle en un seul Ministère, alors qu'il y avait un Ministère *d'État* et un Ministère de la *Maison de l'Empereur*, peut-être moins indispensables à la chose publique.

CHAPITRE II

FAITS de la République pour l'OUVRIER

1° Pour le TRAVAIL de l'OUVRIER

6 juin *1888*. Décret fixant les conditions des *Sociétés Ouvrières* pour soumissionner les travaux ou fournitures des adjudications de l'Etat; au-dessous de 50.000 fr. elles sont dispensées de cautionnement (art. 4), à rabais égal on les préférera toujours à un entrepreneur, des à-comptes leur seront payés tous les 15 jours, art. 6 (1).

Abrogation le 8 juillet 1880 de l'article 1781 du code civil, attentatoire à l'égalité devant la loi et disant que le patron devait être crû sur son affirmation pour la quotité des gages et salaires. La loi sur la durée des journées de travail (9 septembre 1848) n'a de sanction efficace que depuis les commissions locales de surveillance et l'inspection du travail des enfants dans les manufactures; ce service figurant au budget de 1889 pour 176.000 francs pourra voir augmenter son rôle de contrôle des patrons et de protection ouvrière (art. 2, loi du 16 fév. 83).

(1) Sur 80 Sociétés coopératives de production, la moitié existent depuis plus de 15 ans, plusieurs ont entrepris des travaux de l'Etat, notamment à l'Exposition universelle (Rapport Doumer).

2° Ce qu'a fait la République pour la DÉFENSE du TRAVAIL de l'OUVRIER

La loi sur les *Syndicats professionnels* est le premier acte osé depuis un siècle par la Société française pour l'émancipation des travailleurs (21 mars 84, Tirard).

Elle déclare majeurs ces « suspects » des monarchies.

Les syndicats se constituent librement quels qu'ils soient sans autorisation (art. 2), par simple communication de leurs statuts à la mairie. Leur but est la défense des intérêts économiques industriels, commerciaux et agricoles (art. 3). Ils ont la personnalité civile, le droit d'ester en justice, de créer des caisses de retraite, de secours mutuels, des bibliothèques, cours d'instruction professionnelle, Bourses pour l'offre et la demande du travail.

Une circulaire *Intérieur à Préfets* — dit « Ces syndicats ont toutes les sympathies de l'administration, leurs fondateurs recevront tous les renseignements nécessaires », c'est une loi d'apprentissage du coude à coude succédant à la vieille législation de défiance et de castes. L'action bienfaisante des syndicats pour la conciliation des grèves dommageables aux ouvriers, aux patrons et aux consommateurs, s'affirme chaque jour. (1)

La loi toute récente sur les *délégués mineurs* (15 juillet *89*) est de même esprit de défense ouvrière ; un délégué ouvrier et un délégué adjoint sont élus pour trois ans au scrutin de liste par les ouvriers du *fond*, tout travailleur français du *fond*

---

(1) Cela n'a pas été sans des résistances patronales que vise le projet de loi Bovier-Lapierre : « Quiconque par menace, perte d'emploi, privation de travail, refus d'embauchage, renvoi collectif d'ouvriers syndiqués, aura empêché le libre exercice des droits conférés par la loi du 21 mars 1884, sera puni d'un mois à 3 mois de prison, de 100 à 2.000 fr. d'amende ».

Il y avait 700 syndicats en 1877 ; il y en a 2.200 en 1889.

est électeur et éligible; les délégués doivent veiller aux moyens de transport, circulation, prévention des accidents, hygiène; leurs visites leur sont payées comme journées de travail.

3° Ce qu'a fait la République pour PROTÉGER l'Ouvrier Français.

La loi du premier Empire (1806 art. 150) littéralement copiée par le deuxième Empire (loi de 1853, art. 3) composait les *Conseils de Prud'hommes* de plus de patrons que d'ouvriers pour évincer ceux-ci de la Présidence et du Secrétariat. La troisième République copiant (11 décembre 84) la loi de 1848 de la deuxième République a rétabli l'égalité. Une audience au moins par semaine, tenue par 2 membres, l'un ouvrier, l'autre patron, sera consacrée aux conciliations ; si le président est ouvrier, le vice-président sera patron, et réciproquement; le bureau de Conseil sera présidé alternativement par un ouvrier et un patron, suivant un roulement réglementaire (1).

Dans le même but « d'inférioriser » la loi d'Empire du 22 juin 1854, soumettait l'ouvrier à « la marque » du livret obligatoire avec tracasseries de police, visas administratifs, c'étaient « les papiers » d'exception et de « surveillance » du travailleur.

La troisième République a rendu le livret *facultatif*, exempt de timbre et d'enregistrement, simplement paraphé par le maire. Il n'y a plus de « prisonnier du livret », c'est pour qui en veut, une espèce d'état de service du travail, surtout un certificat de nationalité écartant la concurrence à armes

---

(1) On ne compte pas moins de 22 Conseils de Prud'hommes, créés depuis peu d'années à Lorient, Montbéliard, Le Mans, Cannes, Bône, Aix, Voiron, Charleville, etc.

avantageuses de l'ouvrier étranger, des *cheminaux* italiens, qui n'ont ni service militaire, ni appel de 13 ou 28 jours (1).

Dans le même esprit de protection de l'ouvrier français, le décret du 9 octobre 1888 (Floquet) astreint l'étranger résidant en France à faire à la mairie déclaration de ses noms, nationalité, lieu de naissance, dernier domicile, profession ; de même pour sa femme et ses enfants sous peine de jugement de simple police et d'expulsion.

4° *Ce qu'a fait la République pour la* VIEILLESSE *de l'Ouvrier et ses* ACCIDENTS de TRAVAIL.

Loi sur la Caisse nationale des retraites pour la vieillesse, 20 juillet 86 — les versements de 1 fr. (minimum), sont reçus par tous agents des finances et des postes, l'acte de naissance à produire est délivré gratuitement, un livret gratuit est ouvert à chaque déposant qui dit en quelle année à partir de la cinquantième, il désire jouir de rentes viagères (paiement trimestriel). En cas de blessures graves ou infirmités, l'ouvrier peut obtenir la liquidation de sa pension avant l'âge fixé (2).

Pour augmenter la force de pénétration des idées de prévoyance, la loi sur la Caisse d'épargne postale (9 avril 81, Legrand, Cochery), autorise les enfants sans leurs tuteurs et les femmes sans leurs maris, à s'initier aux versements, reçus dans tous les bureaux de poste de France (art. 6), intérêt 3 0/0 ne pouvant être modifié que par une loi.

(1) Vœu du Congrès ouvrier de juin 1888 à Paris : « Qu'aucun ouvrier étranger ne concoure à la construction des forts. »

(2) 12 millions d'ouvriers en Allemagne sont enrégimentés dans l'obligation des assurances contre la maladie, les accidents, la vieillesse et l'incapacité de travail par Socialisme d'État et un peu « au commandement. »

Les Caisses d'assurances en cas de décès et en cas d'accident (la situation de toutes ces Caisses nationales est publiée périodiquement à l'*Officiel*) constituent avec les précédentes, un système d'excitation à l'épargne, que viennent compléter les lois récentes sur les Sociétés de secours mutuels et les caisses de retraites ou de secours des ouvriers mineurs.

Enfin la loi sur la responsabilité des patrons dans les accidents dont les ouvriers sont victimes dans leur travail (Carnot, Legrand) assure au blessé de l'atelier, au mutilé de la machine ou de l'outil, une retraite bien due à ce soldat producteur qui bataille toute sa vie.

5° *Faits de la République pour* l'ENFANT de l'OUVRIER

Les Écoles manuelles d'apprentissage fondées par les départements ou les communes sont mises par une loi au nombre des établissements d'enseignement primaire public; elles participent aux subventions des ministères de l'Instruction publique et du Commerce; un décret du 17 mai 88, pour bien affirmer leur rôle mixte d'école-atelier, les met sous la double surveillance des deux ministres. Le personnel d'enseignement est nommé par le préfet dans les écoles départementales, par le maire dans les communales (art. 5).

Pour former ce personnel spécial de maîtres du travail manuel, on lui a affecté une École normale supérieure spéciale, à Saint-Cloud, 1ᵉʳ janvier 84.

L'enfant de l'ouvrier trouve donc le travail manuel dès l'École primaire où « il goûte » de l'outil, le travail plus spécialisé à l'École d'apprentissage; plus spécialisé encore et de carrière aux trois Écoles nationales professionnelles de Vierzon (Cher), Voiron (Isère) et Armentières (Nord).

Outre ces débouchés, la 3ᵉ République a créé l'École de chaudronnerie et de grosses constructions en fer de Nevers 1881, les Écoles d'arts décoratifs d'Aubusson, Limoges, Nice, l'École de Dellys (Algérie) 1883, l'École des beaux-arts de Bourges, l'École des arts industriels de Roubaix, d'arts et métiers de Lille (1881). Elle a réorganisé l'École d'horlogerie des Cluses (Haute-Savoie), celle des maîtres-ouvriers mineurs d'Alais (5 juin 86), enfin les écoles bien connues d'arts et métiers d'Angers, Châlons-sur-Marne et Aix, qui ont chacune 300 élèves (1889).

Mais la République, cette populaire mère du peuple, en ouvrant des écoles devait se préoccuper d'en faciliter l'accès aux enfants intelligents et pauvres, ce qui va souvent de pair.

Nous avons déjà vu les bourses de l'Institut Agronomique et des Écoles forestières (v. p. 7). La loi du 8 août 85 attribue une bourse d'école professionnelle industrielle, commerciale ou agricole à l'enfant de 9 ans au moins, appartenant à un père ayant 7 enfants vivants, et désigné par celui-ci, sous condition de famille nécessiteuse et d'examen subi par l'enfant (art. 27).

Par la loi du 26 février 87 deux crédits de 640.000 francs votés en 1887 (ministère de l'Instruction publique) sont affectés à l'augmentation des bourses d'internat, de 1/2 pension et familiales accordées aux familles nombreuses et peu fortunées (art. 41). Si l'on ajoute 30.000 fr. de bourses aux Écoles d'arts et métiers, 4 millions 252.000 fr. pour Bourses nationales, dégrèvements, remise de frais de pension et d'externat dans les seuls lycées de garçons, 90 bourses à l'École centrale des Arts et Manufactures (budget de 1889), on verra que la République dont le président Carnot a mis la main à l'outil s'honore de grandir l'ouvrier et de *cueillir* l'intelligence de son enfant.

6· L'OUVRIER *tient au cœur de* la RÉPUBLIQUE

Les locataires étaient autrefois *également* responsables de l'incendie des immeubles, la loi du 5 janvier 83 les rend responsables *proportionnellement* à la valeur locative. Un décret présidentiel du 10 janvier *89* approuve la délibération du Conseil municipal de Paris, imposant les locaux au taux proportionnel de 6,50 pour cent pour les loyers de 600 fr. et de 11 pour cent pour ceux de 1.000 fr. et au-dessus.

Enquête parlementaire pour établir la situation des ouvriers de l'industrie et de l'agriculture en France, commission de 44 membres (Maret, Clémenceau, Lockroy (1).

Des délégations ouvrières ont été envoyées en *apprentissage* à toutes les Expositions de l'étranger; 18.000 fr. figurent au Budget de 1889 pour récompenses honorifiques et encouragements aux vieux ouvriers; des médailles d'honneur en or, vermeil ou bronze portées en public avec ruban tricolore peuvent leur être décernées après trente ans de services consécutifs dans le même établissement industriel ou commercial. (Décret du 16 juillet 86).

L'article un peu seigneurial 1780 du Code civil, chapitre III, titre 8, sur le Louage d'ouvrage et d'industrie, vient d'être libéralement modifié par la loi du 15 juillet *89*. « Les salaires des ouvriers sont payés au moins deux fois par mois et à 15 jours d'intervalle au plus, *il ne peut être dérogé* à cette disposition par une convention contraire. »

(1) Cette enquête a surtout révélé que les Syndicats ouvriers avaient été dans le Nord, le Rhône, l'Isère et la Loire l'objet de quelques résistances de la part de puissantes Sociétés Minières et Industrielles.

Enfin, un projet de loi sur la Participation aux bénéfices et les Sociétés coopératives de production (Doumer), vise à les débarrasser des formalités et frais de formation (5 à 600 fr.), mangeant quelquefois le fonds social, de la limitation à 200,000 fr. du capital initial, de la responsabilité pendant 5 ans de l'associé exclus, de l'impôt de 3 0/0 sur les parts d'intérêt — tous obstacles que la loi d'Empire de 1867 avait fortifiés sur leur route. La participation aux bénéfices, mal vue des patrons, par crainte d'ingérence administrative de l'associé-ouvrier, est facilitée par la renonciation facultative à ce contrôle.

Certes pour l'ouvrier de ville comme pour l'ouvrier des champs, il y a des progrès à atteindre par échelons, qu'une monarchie renverrait sabre en main aux calendes; ils ne peuvent être, sinon *promis*, du moins *tenus*, que sous et par la République. (1)

En **1869,** budget du Ministère de l'Agriculture, du Commerce et des Travaux publics, **90** millions. Part des Travaux publics (1re, 2e, 5e et 6e section) **79** millions.

En **1889,** budget du Ministère des Travaux publics *seul*, **165** millions.

---

(1) Le récent scrutin du 28 juillet et 4 août 1889 (renouvellement des Conseils généraux et d'arrondissement) montre que l'Ouvrier et le Paysan se rendent parfaitement compte de leur solidarité d'intérêts avec la République.

CHAPITRE III
Ce qu'a fait la République pour les PETITS COMMERÇANTS et les PETITS INDUSTRIELS

Pour le Commerce, grand ou petit, une question prime toutes les autres :

La REVISION du TRAITÉ de FRANCFORT.

Par lui, depuis 1871, les gouvernements français et allemand « doivent prendre pour base de leurs relations commerciales le régime du traitement réciproque sur le pied de la nation la plus favorisée. » Or, l'Union douanière allemande ne favorisait personne, tandis que le libre-échange de l'Empire favorisait tout le monde à la ronde, d'où marché de dupes pour nous, et l'empêchement de faire à tout autre pays des avantages que partagerait immédiatement l'Ennemi. La prochaine législature devra, en 1892, dénoncer cette surprise de la force, ce traité de ruine sorti avec d'autres ruines de la guerre pour laquelle « on était prêt » (1).

1° Ce que la République a fait pour les PETITS PATENTABLES

Les patentes créées par la loi du 17 mars 1791 pour remplacer les droits de maîtrise et de jurande

---

(1) L'Allemagne a violé formellement le traité de Francfort par la loi sur les passeports qui a empêché des fils de fermer les yeux à leur mère mourante.

n'avaient subi aucune modification bien libérale avant la loi du 15 juillet 1880 (Léon Say), qui sur un total de 1,580,000 contribuables en a dégrévé partiellement 920,000, « les plus petits, » donc les plus près du cœur de la République.

Ce dégrèvement variant de 43 à 20 centimes, et les droits fléchissant de 1/20 à 1/30 pour les petits patentables, ce fut une perte fiscale de 25 millions pour le budget de l'État, et de 3 millions et demi pour les départements et communes, mais aussi une décharge démocratique des épaules les plus faibles.

Toutefois l'article 7 de cette loi porte : « Le patentable qui dans le même établissement exerce plusieurs commerces, industries ou professions, ne peut être soumis qu'à un seul droit fixe et au droit proportionnel correspondant (art. 15). Si les locaux sont distincts, il paie pour toutes les professions. »

Ce texte a ouvert la porte à l'abus des **Grands Magasins**, il a atteint la « division de la propriété » commerciale. On a pu en ne payant qu'un seul droit fixe marier 50 commerces divers sous le toit du même caravansérail commercial ; on s'est mis ainsi dans une posture de « bon marché » facile par charges fiscales moindres. Il s'est formé une *Ligue contre les Grands Magasins,* qui a provoqué des réunions, articles de journaux, et une agitation devant aboutir aux droits multiples, à l'égalité devant l'impôt du millionnaire « accumulateur » et du petit commerçant (1).

---

(1) Les lois de 1844 et 1880 portent bien qu'au-dessus de 25 commis, il est perçu un droit fixe de 1.000 fr. Mais c'est insuffisant les **Grands Magasins** échappant aux droits de mutation à l'aide de leurs Conseils d'Administration, qui se renouvelant par tiers ou par quart demeurent *immortels.* Le projet de loi Delattre pris en considération (11 avril 89) propose de fixer la patente sur le chiffre d'affaires quand il dépasse un demi-million.

2° *Ce qu'a fait la République pour les* **DROITS ÉLECTORAUX** *des petits Commerçants et des petits Industriels.*

En 1883, la 3ᵉ République copiant celle de 48 (les Républiques se copient en libertés) a, par la loi sur l'élection des membres des tribunaux de commerce, aboli le privilège des *notables commerçants* établi en 1809, rétabli en 1852 (les monarchies se copient en privilèges).

Le 2ᵉ Empire fit mieux même. Sortant de la légalité pour rentrer dans le droit, il a nommé des juges par-dessus la tête de ses notables commerçants (1).

Il a élu le tribunal.

Le suffrage universel de tous négociants, grands et petits, donne à la fois plus d'autorité aux juges et satisfait l'égalité; riches ou pauvres ont un intérêt égal à installer une magistrature consciencieuse et d'expérience.

Un projet de loi précurseur, conférant le vote, aux femmes pour l'élection des juges au Tribunal de commerce a été déposé à la Chambre (Yves Guyot, Hubbard, Clémenceau), il est motivé sur ce fait que des femmes d'une remarquable aptitude commerciale (Mme Boucicaut) se trouvent journellement dans la situation des non-notables vis-à-vis des notables monarchiques.

3° *Pour la* **PROPRIÉTÉ** *des* **MARQUES de FABRIQUE.**

Une loi du 26 novembre 73 faisait apposer par l'État un poinçon affirmatif de l'authenticité des marques de fabrique. Cette « légalisation » n'était que facultative, les consuls de France à l'étranger

---

(1) Ils étaient 15,167 pour toute la France (*J. Off.*, 6 janvier 70).

(art. 5) pouvaient dresser des procès-verbaux d'usurpation de marque et poursuivre l'application de l'art. 140 du Code pénal, sans préjudice des réparations civiles.

Mais tout cela était un peu flottant. Le projet de loi (Dietz-Monin, Bozérian) relatif aux fraudes tendant à faire passer pour français des produits fabriqués à l'étranger ou en provenant, est autrement affirmatif.

Il se divise en plusieurs chapitres : dépôts des marques de fabrique, durée de leur validité, du nom commercial et de la raison de commerce ; l'art. 23, vigoureusement répressif, porte : « Tous produits étrangers ayant sur caisses, emballages, ballots, enveloppes, bandes ou étiquettes, une marque, un nom, un signe, une indication de nature à faire croire qu'ils ont été fabriqués en France, seront prohibés à l'entrée, exclus de l'entrepôt et de la circulation, puis saisis et confisqués en quelque lieu que ce soit, à la diligence de l'Administration des douanes, du ministère public ou de la partie lésée ; l'amende sera de 100 à 10,000 francs, même pour ceux qui ont vendu, mis en vente ou détenu ces produits » (1).

A ces mesures justement défensives s'ajoute la loi relative à l'usurpation des médailles et récompenses industrielles honorifiques, 3 mois à 2 ans de prison.

4° Ce qu'a fait la République pour **AIDER** les petits Commerçants et Industriels.

Dès 1878, suppression de l'impôt de 5 0/0 sur la petite vitesse (22 millions de dégrèvement), de la

---

(1) L'Angleterre elle-même, fatiguée du *Billig und Schlecht* (bon marché et mauvais), a voté en 1887, une loi qui interdit aux produits allemands, toute marque pouvant les faire croire français.

surtaxe de 2 centimes 1/2 sur le sel, dégrèvement sur les savons, les huiles, les *vins* (70 millions) les cidres, poirés et hydromels. Le droit de timbre sur les effets de commerce est baissé de 1 fr. 50 pour 1,000 à 0,50 (nouveau dégrèvement de 18 millions). Suppression du timbre sur les mandats-poste (18 mai 1879).

Création d'une 4ᵉ liste pour les objets d'or et d'argent destinés à l'exportation. Loi relative au taux de l'intérêt de l'argent en matière de commerce (intérêt conventionnel, 25 janvier 84), enfin loi du 17 septembre 80 (Martin-Feuillée), abrogeant le décret du Coup d'Etat de 1851 sur les cafés et débits de boissons. Ces « petits » étaient seigneurialement tolérés ou supprimés sans phrases, par les Préfets « de l'ordre, de la propriété et de la famille. »

La République, elle, n'exige qu'une déclaration du débitant à la mairie (art. 2), les débitants de passage et forains ne sont tenus à aucune déclaration (art. 10).

Le petit commerce du Colportage est, par la loi du 10 juillet 80 (Millaud, Legrand), astreint à une simple déclaration à la Préfecture et pour les journaux à la mairie seulement. Dernier progrès ; la **loi sur les faillites** de 1838 était un peu dure pour les naufrages commerciaux, elle frappait quels qu'aient été les efforts du courage malheureux ; la nouvelle loi institue la liquidation judiciaire avec simple inéligibilité aux tribunaux de commerce, la faillite ne sera que le châtiment, avec mort civile, du commerçant refusant la liquidation. Les syndics, appelés liquidateurs, verront leurs vieilles habitudes fructueuses de lenteurs et de complications, déjà visées par un décret du 26 mars 1880, contrôlées et réprimées par un Comité de créanciers.

5° *Ce qu'a fait la République pour* l'ENSEIGNEMENT COMMERCIAL et INDUSTRIEL.

448,000 francs de subvention sont votés depuis plusieurs années et répartis entre 92 établissements d'enseignement commercial ou industriel dans 26 départements (*J. off.* 20 janvier 89), la Société philomatique de Bordeaux, l'un d'eux, a plus de 4,000 ouvriers industriels inscrits à ses cours du soir; d'autres sont dirigés par les Chambres de commerce (1). L'enseignement spécialisé a en général un but défini : correspondance et géographie commerciales, cours d'armements ; l'Ecole supérieure de Commerce de Paris paraît plus polytechnique et plus large dans ses programmes — toutes placent leurs élèves avec visites industrielles locales et voyages à l'étranger.

Comme complément à cette instruction commerciale qui s'impose avec la politique économique de notre époque, citons les subventions aux Musées commerciaux d'Aubusson, Lille, Clermont-Ferrand Elbeuf, Mâcon, Saint-Quentin, Rheims, Tarare, Rouen, Saint-Nazaire et au remarquable Musée commercial de la Société de Géographie de Paris.

6° *Ce qu'a fait la République pour les* RENSEIGNEMENTS COMMERCIAUX *à l'intérieur et à l'étranger.*

Création de Chambres de commerce françaises à l'étranger — 27 existent dont 4 en Hollande, 2 en Angleterre, Londres et Liverpool; 2 en Belgique,

---

(1) Ecole supérieure de commerce et de tissage, Lyon 1872, venue de Mulhouse; Ecoles supérieures de commerce, Marseille 72 ; Hâvre 72 ; Bordeaux 74 ; Ecole municipale professionnelle de Reims 75 ; Ecole des hautes études commerciales de Paris, 108, boulevard Malesherbes, 1881.

Bruxelles et Charleroi, puis Lisbonne, Milan, Valence, Athènes, Constantinople, Galatz, Alexandrie, Shanghai, Rio-Janeiro, Montevideo, Buenos-Ayres, Valparaiso, La Havane, etc. Des bourses de séjour à l'étranger (commerciales, 36,000 fr, industrielles, 24.000 fr.) figurent annuellement au Budget.

Dans ce même ordre d'idées, la République a réorganisé le Corps diplomatique et consulaire (31 mars 1882); sa hiérarchie comprend 32 consuls généraux, 45 consuls de 1re classe, 50 de 2e, 12 consuls suppléants remplaçant les anciens élèves-consuls; leur rôle n'est plus seulement administratif et de protectorat, il s'est doublé de rapports statistiques commerciaux et de la poursuite des « imitations » allemandes; on leur a donné plus de stabilité par la classe personnelle sans déplacement; il y a grand avantage à ce que ce « fonctionnaire-guide » reste dans le pays, le connaisse bien, y soit fort connu — on peut voir par les annuaires diplomatiques que certains consuls sous l'Empire ont presque fait le Tour du monde en 80 mois.

Pour le commerce à l'intérieur, il y a eu création depuis 4 ans à peine de 29 chambres, bourses ou tribunaux de commerce.

7° Ce qu'a fait la République pour la **RAPIDITÉ** *et le* **BON MARCHÉ COMMERCIAL** *des correspondances postales, télégraphiques et téléphoniques.*

La République (convention de Paris 1878) a vu créer l'Union postale universelle par une sorte d'Etats-Généraux des nations qui ont jeté sur le globe (immense ballon captif et leur captif) un filet d'acier de rails, tubes pneumatiques, fils télégraphiques et téléphoniques. C'est une *Internationale* des intérêts pour multiplier la vitesse des commandes et échanges. Aussi le bénéfice des lettres et télégrammes a-t-il été étendu aux imprimés, échantillons, papiers d'affaires, valeurs déclarées, mandats-poste, colis postaux, recouvrement de quittances factures et traites au-dessous de 1.000 fr. (art. additionnel de Lisbonne, 2 avril 86).

En France, l'augmentation des bureaux et des levées, par conséquent de la « traction » commerciale, la création de cartes-télégrammes, cartes-postales, bandes timbrées, cartes-lettres circulant par tubes pneumatiques, l'abonnement postal aux journaux, la vente de timbres mobiles pour affiches, évitant au petit commerce de *courir* au chef-lieu (30 avril 80), l'envoi de lettres après la levée par taxe supplémentaire (loi du 16 mars 87), le tarif des lettres abaissé de 25 à 15 centimes, celui des télégrammes à 5 centimes par mot, l'abonnement à prix réduit (1/2 tarif) pour les dépêches destinées aux journaux, les communications téléphoniques dans les villes, entre Paris et Lille, puis entre Paris et Bruxelles, la plus longue des téléphonies d'Europe (320 kilom.), — tous ces multiplicateurs de l'offre et de la demande, tous ces excitants à un mouvement perpétuel à une corde sans fin d'échanges créés par la République sont trop connus pour y insister.

En **1869**, budget de l'Agriculture, du Commerce et des Travaux publics réunis, **90** millions.

Part du Commerce (4ᵉ section), **7** millions.

En **1889**, budget du Commerce *seul*, **22** millions.

CHAPITRE IV
Ce qu'a fait la République pour L'INSTITUTEUR

1° *Pour son traitement* D'ACTIVITÉ ET DE RETRAITE

La loi de 1791 voulait une Instruction publique nationale commune à tous les citoyens et l'instituteur fonctionnaire d'Etat. Le Consulat, vestibule de l'Empire, par la loi de 1804, coupa les ailes à ces rêves grandioses de Condorcet et de Lakanal; chaque commune fut libre de faire ou ne pas faire d'écoles du pauvre de «donner» ou non à l'instituteur, espèce de colon partiaire de l'instruction. Ce fut l'enseignement « moralement abandonné » le budget des « b, a, ba », fut en 1816 de 50.000 francs.

La loi Guizot 28 juin 1833, qui devait être pendant 50 ans, la charte de l'Enseignement primaire créa l'obligation communale, le « maître » n'a que 200 fr. de l'Etat, le reste lui vient de gages divers annuellement consentis par les communes, de services de mairie ou de lutrin, c'est un employé de clocher. La 3ᵉ République copiant 1791, a affranchi l'instituteur de ces détentions variées, et fait de « l'ex-manœuvre de l'alphabet » un fonctionnaire d'Etat à service national.

Le traitement a fluctué comme ces fluctuations. Misérable jusqu'en 1833, il s'élève alors à un minimum de 600 fr., jusqu'à 700 en 1867; mais toujours de toutes mains, rétributions scolaires communale et paroissiale comportant trop de gratitudes; on vient de substituer à ces dons un traitement, à cette situation morcelée un état d'Officier de l'instruction.

La loi du 19 juil. *1889*, sur « les dépenses ordinaires de l'Instruction primaire publique, et le traitement du personnel de ce service », a voulu remplacer dignement l'espèce de prestation scolaire, qui faisait de l'instituteur l'obligé « des payants », un gagiste et l'asseoir *chez lui* dans sa chaire.

Elle divise les 100.000 (1) « institutrices et instituteurs de la République », ce qui est leur vrai nom, car l'Instruction enseigne la République, en 5 classes et des stagiaires.

Classe	Nombre	Traitement des Instituteurs	Traitement des Institutrices
Stagiaires.	20 000	800	800
5ᵉ classe.	32.000	1.000	1.000
4ᵉ classe.	25.080	1.200	1.200
3ᵉ classe.	15.000	1.500	1.400
2ᵉ classe.	2.500	1.000	1.500
1ʳᵉ classe.	5.500	2.000	1.600

Tous avec logement ou son indemnité et indemnité de *résidence* de 100 fr. pouvant s'élever à 800 ; les écoles ayant plus de 2 classes, vaudront 200 fr. et plus de 4 classes 400 fr. de supplément à leurs titulaires ; le brevet supérieur, ou la médaille d'argent, augmenteront de 100 fr. ce revenu des laboureurs d'intelligences. Pareille loi qui acquitte une dette sociale a eu contre elle 49 voix, toutes de *Droite* que les instituteurs trouveront à l'*Officiel* du 7 juillet 1889.

Pour leurs **Retraites**, la séance du Corps Législatif 7 avril 1869, vi nous édifier officiellement :

M. le comte Clary. — « Un instituteur retraité en 1863 a 63 fr. de pension, un autre retraité en 1864 en a 75 et même 72, en raison du timbre du mandat ; malgré ce que nous avons donné l'an dernier, la retraite en 1868 ne dépassera pas 130 fr. »

M. Robert, conseiller d'Etat, commissaire du Gouvernement. — « D'après les dispositions transitoires

---

(1) Chiffre exact 98.769 en 1889.

de la loi de 1853 sur les pensions civiles, les avantages complets de cette loi ne pourront être appliqués qu'en 1884, mais cette loi a été un grand bienfait pour les instituteurs, lorsqu'elle a été discutée l'admission des instituteurs à la pension a été vivement combattue dans le Corps Législatif. Une minorité imposante se prononça contre cette innovation. »

Son Excellence (sic) *M. Vuitry.* — « La loi de 1853 a admis les instituteurs, facteurs ruraux et percepteurs à la pension de retraite, mais à titre onéreux, c'est-à-dire en raison des retenues subies ; elle ne fut donc calculée que d'après les sommes versées depuis 1853. C'est pour cela qu'il y eut des pensions si faibles dans les années qui ont suivi la loi. »

Son Excell. M. Magne, intervient après l'Excellence précédente : le budget paraît trop pauvre à cette Excellence qui touchait 230.000 fr. par des cumuls divers pour pouvoir élever à 360 fr., 1 fr. par jour, la pension des 4.560 instituteurs et 330 institutrices. » L'amendement Clary n'est pas pris en considération.

Il faut arriver à la loi Paul Bert, 17 août 1876, pour voir enfin fixer la retraite à 50 ans et 25 ans de service avec décompte des années passées à l'École normale et tarification sur la moyenne des 6 années du traitement le plus élevé — c'est un minimum de 600 fr. pour les instituteurs, 500 pour les institutrices. Et comme il y avait encore des victimes des Excellences de l'Empire, la loi du 22 juin 1878 ouvre un crédit additionnel de 108.000 fr. pour compléter à 500 fr. les pensions des instituteurs retraités misérablement avant que la République fit justice (1).

(1) Il a été liquidé en 1869, 933 retraites d'instituteurs dont la moyenne s'élève à 142 fr. (Exposé de la situation de l'Empire. *J. off.* 1870, p. 48).

2° Pour la RESPECTABILITE SCIENTIFIQUE de l'Instituteur.

En donnant comme nous l'avons vu une prime au brevet supérieur, la République désireuse de preuves et d'épreuves publiques ne pouvait tolérer la *Lettre d'Obédience*, sorte de savoir de droit divin.

Quand on la supprima en 1876, sur 20.000 adjointes congréganistes, 18.000 n'avaient que ce bagage insuffisant ; sur 7.000 adjoints 6.000, — sur 37.000 instituteurs toujours congréganistes, 30.000 étaient à court du brevet de capacité qu'avaient à peu près tous les « laïques ».

Un régime d'équité ne pouvait tolérer ce privilège de robe, et se faire protectionniste d'incapables. D'autant que par ailleurs, la République tendait à selecter les intelligences à l'aide du Concours et du travail ; la loi du 26 février 1887, dispense des droits de frais d'examen pour le brevet de capacité, les élèves des écoles normales d'instituteurs et d'institutrices (art. 2), les répétiteurs des lycées et maîtres d'études des collèges communaux, sont dispensés des droits de bibliothèque examen et certificat d'aptitude afférents au grade de licencié (art. 3).

3° Ce qu'à fait la République pour le RECRUTEMENT des Instituteurs.

La loi de 1833, permettait aux départements de se mettre à plusieurs pour une seule école normale. On pense si la monarchie autorisa le plus possible pareil communisme, on faillit même supprimer « les normales » en 1850, les conseils généraux reçurent le droit de les fermer.

Aussi de 1852 à 1870, en 18 ans d'empire on ne créa que 9 écoles normales d'instituteurs et 2 d'institutrices. La loi du 9 août 79, en obligeant tous les départements à avoir chacun, une école normale d'instituteurs et une d'institutrices, les a fait se hâter moins lentement. Il y a aujourd'hui 170 écoles normales avec 5,443 élèves maîtres, et 3,544 élèves institutrices.

4° *Pour le logement de l'Instituteur* les LOCAUX et MOBILIERS SCOLAIRES

Toute commune a dû de par la loi Paul Bert se pourvoir au moins d'une École primaire publique (art. 11.)

C'était un effort énorme imposé au Gouvernement actuel par l'inertie antérieure d'autrui.

La loi du 20 juin 1885 y a pourvu par une subvention de l'État de 178 millions, 190 millions prêtés par lui aux départements et communes à 4 0/0 amortissement compris, enfin par 107 millions fournis par les départements et communes ; au total, un cadeau grandiose de joyeux avénement de l'Instruction de 475 millions :

Pour *construire* 4736 écoles de hameau, 4875 de filles, 875 de garçons, 1617 écoles mixtes, 1750 groupes scolaires ; *reconstruire* 3999 écoles, en agrandir 3479, en approprier 2984.

Les devis de constructions étaient de : Écoles de hameaux 12.000 fr, de communes 15, écoles primaires 18, primaires supérieures 80,000 fr., mobilier scolaire de chaque classe 500 francs.

En une expérience de 2 ans et demi (20 juin 85-1ᵉʳ janvier 87), les écoles acquises construites ou reconstruites, se sont élevées à 3.300, appropriées, ou agrandies 1824, mobiliers scolaires acquis 5054, — et celà dans 4192 communes.

A l'Exposition de 1889, on trouve — commune par commune, école par école — un état des dépenses faites pour le déploiement en éventail sur la France de cette idée d'Instruction *pour tous*, qui née en 1789, a mis un siècle à se dégager.

Deux décrets imprègnent d'une bonté touchante ce bienfait de la République : « Aucun plan d'école primaire rurale pour laquelle la subvention de l'Etat est sollicitée ne sera accepté si ce plan ne présente pas de jardin à proximité du maitre et des élèves » (4 Décembre 87). Décret du 14 mai 84, concession à toutes les communes du Finistère et de la Vendée de la propriété des écoles construites aux frais de l'Etat.

5° *Ce qu'a fait la République pour l'enseignement* de **NOS ENFANTS**

Établissement de l'Enseignement primaire supérieur divisé en deux classes: écoles primaires supérieures et cours complémentaires. Au 1ᵉʳ janvier 89 les écoles primaires supérieures comptent 15,750 garçons et 5,150 filles, les cours complémentaires 10,157 élèves.

Des bourses sont fondées dans ces écoles supérieures par la loi du 18 janvier 1880; un décret en fixe, après examen réglementaire, la jouissance jusqu'à 19 ans; des prolongations peuvent être accordées, mais pour dispersion plus grande; le cumul des bourses différentes (État, départements, communes) demeure interdit.

Et tous les enfants peuvent concourir, car la République porte l'instruction, nous l'avons vu, au foyer des plus abandonnés, la loi du 20 mars 83 ramifiant le réseau scolaire des communes jusqu'à la « capillarité » crée les pauvres écoles de hameau (1).

(1) 5 millions et demi d'enfants vont à l'école en 1889, dont 4,505,109 aux écoles publiques. « Celui qui dans 20 ans écrira notre histoire et recherchera la pensée intime de la France, pourra dire avec fierté qu'elle a placé au premier rang de ses préoccupations l'enseignement à tous les degrés » Pasteur.

6° Ce qu'a fait la République pour l'enseignement de **NOS FEMMES**

La femme, éducatrice naturelle de l'enfant, était un peu considérée sous la monarchie comme une intelligence négligeable. Avant 1867 il n'est en rien question d'institutrices, et quand on en crée, on leur alloue un traitement inférieur, sous couvert d'infériorité de la femme.

Nous avons vu que la loi récente unifie à peu près les soldes, mais jusque-là le principe dit « d'autorité » se trouvait au mieux d'entraver dans une ignorance commode « la fée » du foyer.

La 3° République vient de relever la femme comme elle le fit il y a un siècle de l'Ouvrier, du Paysan, de nous tous identiquement tenus en laisse intellectuelle au nom de privilèges particuliers dits: Conservation sociale.

L'ignorance à son ordinaire servait de collier.

On accepte aujourd'hui que l'instruction grandisse chez la femme des aptitudes, et qu'à l'enfant qu'elle engendre intellectuellement par hérédité, la mère puisse donner des leçons autrement assimilables à ce « cerveau de son cerveau, » que ne peut le faire un « externe. »

L'Enseignement secondaire des jeunes filles (loi du 21 décembre 80, Camille Sée, Cherpin) a été « osé » par la 3° République d'abord en externat, puis en internat pouvant y être annexé. Le professorat a déjà permis de constater de remarquables mérites, en même temps qu'il a donné à de « vraies femmes savantes » des situations dignes d'elles, variant de 1,500 fr., répétitrices logées à agrégées 4,200 fr.

En 1889, il existe à peu près 25 lycées et 14 collèges avec budget de 1,529,000 fr. — 3 collèges nouveaux, Bône, Caen et Laon fonctionneront en octobre 89; 3 lycées, Mâcon, Cherbourg, Limoges, en 90 ; le lycée de Versailles sous peu. Ces lycées constituent des établissements définitifs, de durée et indépendants des municipalités ; actuellement leur subvention moyenne est de 28,915 fr., celle des collèges de 8,530 fr. (*J. Off.*, 14 mai 89, Rapport Compayré).

7° Trilogie de l'enseignement primaire français : NEUTRALITÉ RELIGIEUSE, GRATUITÉ, OBLIGATION

La première de ces réformes s'imposait à la vraie liberté de conscience — comme le cimetière ou la mairie, l'École est ouverte à tous pour *enseigner* et fermée aux cultes qui ont des édifices spéciaux pour *catéchiser ;* en restant chez elle, en ne s'essayant plus à modeler des vocations, la religion ne rencontrera que plus de respect par cette réserve même (1).

La loi du 30 octobre 1886 interdit aux maîtres les emplois rémunérés dans le service des cultes mais n'interdit ceux non rémunérés en rien, elle ne veut pas de l'instituteur chantre ou féal du curé, elle ne l'en crée pas l'ennemi.

La **Gratuité** née officiellement de la loi du 16 juin 81 remonte en fait au ministère Duruy, la République n'a fait que la légaliser.

De 71 °/₀ des élèves en 1850, la rétribution scolaire était tombée peu à peu à 57 en 1867 (2) et au

(1) Le tableau de l'emploi du temps dans les écoles, même du département de la Seine, en *1869* portait de 9 à 10 h. : Prière et Instruction religieuse *tous les jours.*

(2) En 1870 la Gratuité absolue existait dans 3.358 communes possédant 5.800 écoles (*J. off.* 9 janvier 1870, p. 48. Exposé de la situation *de l'Empire*), ce texte officiel rend difficilement explicables les critiques actuelles de la Gratuité par les bonapartistes.

chiffre dérisoire de 23 % en 1878. Ce fut lors de sa suppression un dégrèvement de seize millions et demi pour les pères de famille, mais surtout l'égalité dès l'école, une fusion civique, une confusion de castes, la première impression pour l'enfant de la Patrie donnant égalitairement le sein à tous ses fils.

L'Obligation loi du 28 mars 82 (J. Ferry, Paul Bert, Goblet) veut qu'aucun cerveau ne demeure en friche, ceux qui dédaignent le coude à coude du pauvre dans l'école égalitaire n'en sont pas moins « forcés » à l'instruction. Des commissions municipales scolaires sont chargées de faire justifier de l'enseignement à domicile, les pères sont rendus responsables, ils ne peuvent condamner à l'ignorance, n'ont pas plus pouvoir d'affamer de science que de pain et « doivent les aliments » intellectuels.

Certes pour l'instituteur comme pour le paysan l'ouvrier, le commerçant et l'industriel, il y a des progrès à poursuivre vers une fuyante perfection humaine; la liberté permettra seule cet *excelsior*. A n'en pas douter, le premier soin de toute réaction serait de renverser les écoles sur les maîtres comme aussi de disloquer les Sociétés de tir, gymnastique et instruction militaire, tout ce qui peut aiguiser la virilité physique ou morale du Peuple.

On peut dire que pour tout instituteur lutter contre la République serait un parricide.

Et un suicide.

1869 : *Budget de l'Instruction publique,* **24** millions; Enseignement primaire, **9.488.500** francs.

1889 : *Budget de l'Instruction publique,* **135** millions; Enseignement primaire, **64** millions.

CHAPITRE V
DÉDIÉ AUX ANCIENS SOLDATS

FAITS de la République pour le SOLDAT

1° Ce qu'a fait la République pour l'ÉGALITÉ devant l'impôt du sang.

Le **Service de trois ans**, loi du 16 juillet *1889*, en 8 titres et 94 articles, n'enlève que le moins de temps possible le fils à la famille, le fiancé à la fiancée, le laboureur ou l'ouvrier au sillon et à l'outil. La République, qui n'a besoin ni de garde ni de cent-gardes, pouvait seule décréter ces abréviations.

Tout le monde, séminaristes, étudiants, élèves des grandes écoles, est appelé sous les drapeaux; nul ne peut entrer dans une administration de l'Etat, s'il n'a goûté de la caserne (art. 7). 60,000 hommes que la loi de 1872 laissait non instruits, seront enrégimentés, et pour solidifier ces compagnies de tout le monde, l'article 63 permet le rengagement pour 2, 3 ou 5 ans, des soldats décorés, médaillés ou portés sur la liste d'aptitude des caporaux, cela avec prime proportionnelle, haute paie et pension à 15 ans de service.

Cette nouvelle loi militaire, qui rend à tant de mères leurs fils, leurs soutiens, qui permet les mariages plus jeunes et plus tôt au village, complète le Code égalitaire de la République; elle fait de l'Armée et de l'Ecole (1) un double passage

---

(1) En 1869, sur 311,000 conscrits, 61,000 ne savaient ni lire ni écrire (*J. Off.*, 9 janvier 70, p. 48); il y en a encore 31,000 sur 316,000 en 1887.

à niveau, où tous les Français de même âge se mêlent deux fois, où l'officier et l'instituteur servant de métal à soudure, de rouleau compresseur des castes, feront des camarades de bancs et des camarades de lits, de gens qui naguère « ne se voyaient pas. »

Aussi, 170 députés réactionnaires dont les électeurs se souviendront, ont-ils voté contre *ce Service de 3 ans*, attendu de toutes les mères, et la suppression, attendue de tous les soldats, du Volontariat, ce privilège des riches.

2° Ce qu'a fait la République pour l'HYGIÈNE et la SANTÉ du SOLDAT.

Le café, les repas variés, les bains-douches, les casernements à pavillons isolés (Tollet), la désinfection des chambrées, les revaccinations qui ont chassé la variole de l'armée, l'isolement des infirmeries, l'analyse des eaux de caserne qui faisaient « boire la fièvre typhoïde », sont autant de progrès d'hygiène.

Depuis la loi Marmottan sur l'Organisation des services hospitaliers de l'armée, le soldat est soigné par son médecin-soldat, le médecin de sa famille régimentaire. La plupart de ces initiatives sont dues à l'Autonomie du Corps de santé, née en même temps que le Corps de contrôle et la subordination de l'Intendance au Commandement de la loi du 16 mars 1882.

La mortalité est tombée de 14,52 p. 1000 en 1868 à 7,68 en 1886.

Tout récemment, l'Ecole du service de santé militaire, l'ancienne Ecole de Strasbourg si chère à la vieille Alsace, toujours nôtre, vient d'être réorganisée à Lyon (14 décembre 88); enfin l'*Association des Dames françaises*, l'*Union des Femmes de France*, ces Sociétés de dames du monde — de *mères* de charité, bien supérieures aux *sœurs* de charité — viennent, avec la *Société de secours aux Blessés*, d'être réglementées par la République, pour le Service de guerre et de compléter ces échelons de secours par lesquels le blessé revient du Champ de bataille à sa famille et de l'ennemi aux figures amies du foyer.

3° *Ce qu'a fait la République pour la* FEMME *et l'*ENFANT du SOLDAT

Elle ne pouvait les oublier ; les pensions des veuves et orphelins de militaires morts de maladies épidémiques sont portées de 1/4 à 1/3 — et au 3/4 au lieu de moitié, pour les tués à l'ennemi. (22 juin 1875).

Pour les enfants du soldat, s'ouvrent les Écoles d'enfants de troupe déjà créées à Rambouillet, la Boissière, Autun ; les fils de soldats, caporaux, sous-officiers ou officiers jusqu'au grade de capitaine et assimilé sont laissés dans leurs familles jusqu'à 13 ans avec allocation annuelle de 100 à 180 francs, puis placés dans les écoles d'enfants de troupe, (4 pour l'infanterie, 1 pour la cavalerie, 1 pour l'artillerie et le génie) ; ces pupilles y sont divisés en 5 classes, de 13 à 17 ans, âge auquel ils entrent dans l'armée par engagement volontaire. C'est la pépinière des excellents *sous-officiers de carrière*, une deuxième création de la République.

4° *Pour le soldat* RÉSERVISTE *ou* TERRITORIAL

Bien que convoqués par simple voie d'affiches, leur peu de manquants, le zèle, l'exactitude et la discipline constatés dans tous les appels de régiments territoriaux recommandaient à la République ces citoyens-soldats. Elle leur a accordé en 1888 l'honneur de figurer pour la première fois à la Revue du 14 juillet (2 bataillons); en 1889 4 bataillons et 2 batteries. Cet effectif sera vraisemblablement augmenté, le défilé correct de pareils hommes faits, en pleine force physique et des plus aptes à l'endurance de guerre ayant été remarqué.

On n'a eu garde d'oublier leurs familles, une loi autorise les communes à s'imposer de trois centimes additionnels sur le principal des contributions directes afin d'accorder des secours aux familles nécessiteuses des soldats réservistes ou territoriaux réunis sous les drapeaux.

Et les *anciens*, les territoriaux de 70, — décret qui accorde le bénéfice du traitement de la croix ou de la médaille aux gardes nationaux, mobiles, mobilisés et assimilés, légionnaires ou médaillés en 1870-71 et qui justifieraient de blessures reçues devant l'ennemi (30 octobre 79).

5° *Ce que la République a fait pour les* SOUS-OFFICIERS

Sa sollicitude pour ce Commandement qui est « le plus près du soldat » s'est traduite d'abord par la première loi de rengagement, 22 juin 78, la création de l'Ecole de Saint-Maixent, 23 juillet 1881, l'installation dans les casernes de mess, réfectoires, bibliothèques de sous-officiers, la création d'un adjudant par compagnie, la coquette tenue de ville de drap fin et l'épée avec l'ameublement d'adjudant accordés aux rengagés ou commissionnés (30 juillet 82); — mais surtout par la loi récente du 18 mars *89*, les sous-officiers peuvent rengager pour 2, 3 ou 5 ans jusqu'à *trois ans après* leur libération.

Les rétrogradation, cassation, révocation ou retraite ne peuvent être prononcées que par le Commandant de corps d'armée sur avis du conseil de régiment auquel sont adjoints 2 sous-officiers avec voix *délibérative* (art. 6).

Le rengagé a droit à une première mise d'entretien de 5 à 600 fr. avec gratification annuelle de 200 fr. et haute paye augmentée après chaque cinq années, plus une prime de rengagement (1.500 fr. sergent) touchée à la libération — ou de suite s'il se marie et alors logement en ville et indemnité mensuelle de logement de 15 fr.

Après 15 ans de services: pension proportionnelle cumulative avec des emplois civils; si le rengagé s'est fait *commissionner* (et il le peut après 10 ans de services), il « va » jusqu'à 47 ans avec retraite de 800 fr. Cette loi très patriotiquement démocratique a créé le sous-officier de carrière.

6° Ce qu'a fait la République pour les OFFICIERS

1° Progrès de situation. —Unification des soldes. — A partir du 1er janvier 1889, la solde des officiers d'infanterie « la reine et le souffre-douleur des batailles » sera élevée en 3 annuités à celle des armes spéciales qui ne sont amoindries en rien.

Toutes au contraire, gagnent à la solde progressive pour les capitaines (grade d'attente) 300 fr. de plus après chaque 6, 10 et 13 ans d'ancienneté de grade. Remonte gratuite des capitaines d'infanterie, indemnité de monture de 360 francs pour les officiers supérieurs montés à leurs frais.

Loi sur les **pensions de retraite** des officiers. (Proust, colonel Meinadier, Gambetta : « ce n'est pas une libéralité, c'est une dette »).

Empire, (loi du 25 juin 1861). Capitaine, *maxi-*

mum 2,544 ; Chef de bataillon 3,108 ; Colonel ou assimilés, 4,680.

République, (loi du 22 juin 1878). Capitaine *maximum*, 3,300 ; Chef de bataillon 4,000 ; Colonel ou assimilés, 6,000.

En moyenne les retraites se liquident à 200 francs au-dessous du maximum, c'est donc une majoration de 800, 900 et 1,300 francs annuels.

2° Progrès moraux. — Loi ouvrant le Service d'état-major (23 novembre 1880) — créé corps fermé sous la monarchie (6 mai 1818), il demeure privilégié et particulariste, malgré les efforts pour l'entr'ouvrir du maréchal duc de Bellune ; aussi 1870 l'a surpris encore clos par les clôtures de *Gouvion St-Cyr*. Depuis 1880, le brevet d'état-major est accordé à des officiers employés là temporairement et revenant au commandement de corps de troupe, ils sortent à peu près tous de l'École supérieure de guerre, créée le 13 mai 1875 pour ces hautes études militaires, le classement d'entrée et de sortie est au concours.

Loi d'Avancement sur toute l'arme pour les grades inférieurs dans la cavalerie et l'infanterie 5 janvier 72. Cercle national des armées de terre et de mer à Paris, organisation définitive le 5 février 87 ; création presque partout de Cercles et de Bibliothèques militaires de garnison.

7° Ce qu'a fait la République pour les **OFFICIERS** *de Réserve et de l'Armée Territoriale.*

Décret portant règlement sur l'Etat de ces officiers (uniforme, conseil de guerre, préséances 5 septembre 78), et sur leur avancement (31 avril 78), le cumul de la solde militaire avec la retraite est assuré pour les exercices ou manœuvres.

Loi relative au recrutement des sous-lieutenants de réserve et territoriaux (Merillon), 1° parmi les sous-officiers, 2° les engagés conditionnels, après examen (1) — en cas de mobilisation, le ministre est autorisé à affecter à l'armée territoriale des sous-lieutenants et sous-officiers de réserve (art. 3). Ceux d'entre eux qu'un séjour trop prolongé ou éloigné à l'étranger empêcherait de « rejoindre » sont invités à démissionner. Enfin la loi sur les pensions proportionnelles et une espèce de disponibilité projetée pour les officiers de toutes armes apporteront d'excellents éléments de cémentation aux cadres de nos Réserves, réservées à un si grand rôle de guerre.

Deux excellentes circulaires sont venues tout récemment compléter cette législation bienveillante : la première sur les dispositions relatives au développement et à l'entretien des connaissances militaires des cadres de réserve et de l'armée territoriale (9 avril 89) — la seconde, du 24 juin 89 : ces cadres seront toujours convoqués aux réunions officielles, l'autorisation de se mettre en tenue, pourra être accordée aux officiers, même de la plus petite garnison, par ordre du simple Commandant d'armes.

8° *Ce qu'a fait la République pour la* **DÉFENSE NATIONALE**

Ici l'œuvre est considérable et digne de remarque : d'abord loi qui établit des pénalités contre l'espionnage, 9 avril 86, et sur les réquisitions militaires, 3 juillet 77.

Puis sur la fabrication et le commerce des armes (fusils, canons, mitrailleuses, sauf les modèles réglementaires) et des munitions non chargées (général Lewal). En 1870 la France avait manqué d'armes pour ses bras et dut s'approvisionner en Amérique ;

---

(1) Les 1ᵉʳ lundi de juin et décembre *quelle que soit la note obtenue à la fin du Volontariat.*

outre l'essor donné au commerce d'exportation le fait ne pourra plus se présenter.

Conscription des chevaux, recensement des pigeons voyageurs, 25 septembre 85.

Création de 18 régiments d'infanterie, 14 de cavalerie, formation de 19 corps d'armée, 28 septembre 73, — de 18 nouveaux régiments d'infanterie dits régionaux, 13 de cavalerie, loi du 28 juillet 87; organisation de 18 bataillons d'artillerie de forteresse (général Billot, Tirard), du corps des *chasseurs forestiers* (24 juillet et 2 juin 1883).

12 bataillons de chasseurs à pied auxquels il est adjoint 12 batteries d'artillerie de montagne sont chargés d'opérer dans les Alpes; une batterie est créée dans chaque 2ᵉ régiment de chaque brigade et 4 batteries nouvelles en Algérie — par la même loi, (28 décembre *88*), le Ministre de la guerre dispose des chemins de fer dans toute l'étendue du territoire national, chaque Commandant d'armée dans sa zône d'opérations et une Commission supérieure des chemins de fer est instituée dès le temps de paix au Ministère de la guerre (art. 26).

9· *Ce qu'a fait la République pour les* SOCIÉTÉS PATRIOTIQUES *de Tir, de Gymnastique et d'Instruction militaire.*

Il y avait avant 1870, 41 Sociétés de Tir, dont une à Paris; il s'en est créé de 1871 à 1886, **944** territoriales mixtes ou civiles, dont 81 à Paris ou dans sa banlieue; les Sociétés de Gymnastique et d'Instruction militaire ont suivi une progression analogue.

Au Ministère de la Guerre on a favorisé dignement cet essor : prêt d'armes de guerre, visitées annuellement par un capitaine inspecteur d'armes, vente de munitions fusil 1874 à prix de démolition,

12 fr. 50 le mille, 4,536 cartouches par Société (27 mars 88), de sacs d'infanterie pour les marches-manœuvres, etc. Le Président de la République assiste aux fêtes fédérales, concours des Tuileries, prouvant ainsi qu'un régime de coups de force redoute seul la force.

La loi sur la gymnastique obligatoire, les bataillons scolaires, les jeux scolaires, les prix (5 mai 88) offerts par le Ministre de la Guerre aux élèves de l'enseignement secondaire et primaire qui se sont distingués dans le maniement du fusil, le tir ou la gymnastique, sont une preuve de plus du vif désir qu'a la République de familiariser la jeunesse avec l'endurance et les armes — pour un jour venger les armes.

Nos 2 millions d'électeurs ayant passé par l'Armée depuis 1872, les anciens soldats, mobiles, mobilisés, francs-tireurs, qui ont été en 1870 des outranciers si glorieux de la Défense nationale, peuvent juger des forces sérieuses dont à l'inverse d'autres régimes, la République sachant voir de loin, s'est précautionnée.

En **1869**, Budget de la guerre, **370** millions; Corps de troupes, **224** — fusils chassepots, canons de bronze chargés par la bouche, Corps d'armée non formés, places de l'Est sans armement ni commandement désigné en temps de paix.

En **1889**, Budget de la guerre, **550** millions; Corps de troupes, **345** — fusils Lebel, poudre Vieille sans bruit ni fumée, canons d'acier chargés par la culasse, lignes de forts bétonnés ou cuirassés, mélinite, télégraphe souterrain à double fil, reliant Paris à Lille, Nancy, Dijon; places de guerre armées et *commandées* sur toutes nos frontières etc.

CHAPITRE VI
DÉDIÉ AUX ANCIENS MARINS

Ce qu'a fait la République pour le MARIN

1° *Pour son traitement* d'ACTIVITÉ et de RETRAITE

Les lois d'amélioration de solde et de retraite de l'Armée de terre ont été appliquées aux troupes de la Marine. De plus, les très nombreux marins du commerce, les **demi-soldiers** engagés au *mois* ou au *voyage* pour le long cours, à la *part* pour le cabotage, la petite pêche, le bornage ou le pilotage ont vu, par la loi du 11 avril 1881, leur pension à 25 ans de service augmentée de *50 pour cent*.

Les pilotes lamaneurs, maîtres au cabotage, patrons brevetés pour la pêche d'Islande, mécaniciens, ont aujourd'hui une retraite variant de 660 à 864 fr. avec moitié reversible sur leurs veuves — les capitaines au long cours, mécaniciens (plus de 300 chevaux) 1,068 fr., les matelots, mousses et novices minimum 200 fr., les quartiers-maîtres, second-maîtres, chefs de timonerie, maîtres entretenus de 220 à 500 fr.

En outre, par la loi du 8 août 85, les anciens marins de 70 ans et au-dessus retraités aux maigres tarifs monarchiques ont vu, sans exception, leur pension élevée au taux bien plus favorable de la loi de progrès de 1881, ils ont été *unifiés*.

Les chefs guetteurs et guetteurs des postes électro-sémaphoriques recrutés parmi les marins de l'Etat ou du commerce allaient de 920 à 1,265 fr. après une pénible carrière; leur traitement est porté à 1,000 et 1,400 fr. avec maintien des indemnités de logement, éclairage, chauffage, vivres, frais de route, etc. Décret récent du 13 mai *89*.

2° *Ce qu'a fait la République pour la* FEMME et l'ENFANT du MARIN

Même sollicitude justifiée que pour la famille du soldat — par le décret du 6 août 79 les pensions des veuves et orphelins des marins sont augmentées et élevées au même taux, 2/3 ou 3/4 pour les mêmes cas, morts de maladies endémiques ou tués à l'ennemi.

L'Ecole des *Pupilles de la marine* de Brest, réorganisée par décret du 2 août 84, reçoit les enfants de marins et compte 500 élèves, ils passent de là, à 14 ans, à l'Ecole des mousses ou dans les ateliers et arsenaux pour prendre ultérieurement du service dans les Equipages de la flotte. Par sollicitude « plus due » les orphelins de père et de mère restent sous le patronage de la marine jusqu'à 16 ans révolus et peuvent être mis en apprentissage (art. 10).

3° *Ce qu'a fait la République pour faciliter la* NAVIGATION du MARIN

Loi sur la Marine marchande. — L'Empire par la loi du 19 mai 1866 établissant la liberté des transports maritimes avait «coulé» de ses mains sa marine marchande au bénéfice des Anglais qui enlevaient les 2/3 de notre fret (1).

(1) Exposé de la situation de l'Empire, *J. Off.*, 6 janvier 70, p. 35.

La loi républicaine du 29 janvier 81 (Le Cesne) accorde à nos constructeurs ruinés par la francisation de navires étrangers une prime de construction pour les voiliers ou vapeurs au long cours de 10 à 60 fr. par tonne de jauge brute. Aux armateurs ruinés par l'abolition impériale des droits de tonnage, de surtaxe de pavillon et d'entrepôt, il est alloué 1 fr. 50 par tonne et par 1,000 milles parcourus avec exception pour la navigation de plaisance, de grande ou petite pêche, et les lignes subventionnées — dont la plupart doivent par cahier des charges construire leurs paquebots en France et sur des plans approuvés par le Ministère de la marine (art 9); en ce cas la prime s'augmente de 15 0/0.

De **244** vapeurs jaugeant 265,000 tonnes brutes, en 1880, notre marine double et s'élève à **468** vapeurs et 745,000 tonnes ; en 1887, notre flotte de commerce prend le deuxième rang, la marine allemande protégée elle aussi, le troisième, les États-Unis non protégés, descendent du deuxième au quatrième rang.

9 millions figurent au budget du Ministère du Commerce en 1889 pour subventions à la marine marchande, 4,900,000 francs pour encouragement aux grandes pêches maritimes (loi du 17 décembre 80), avec création d'un Comité consultatif technique de pêche maritime et fluviale.

L'Hypothèque maritime « s'en allait » et défaillait comme l'hypothèque rurale. La loi du 10 juillet 85 s'est efforcée de concilier les intérêts inséparables de l'armateur, du prêteur et de l'assureur — pour attirer les capitaux, l'enregistrement est abaissé à 1 fr. pour 1.000 et l'hypothèque peut-être prise par simple acte sous seing privé ; la loi de 1874 qui n'avait guère donné de résultats que pour le port de Nantes, est abrogée.

4° Pour la SÛRETÉ de sa navigation.

Loi du 3 avril 82 sur l'éclairage électrique des côtes et les signaux sonores, loi de protection du balisage dans les eaux maritimes. Convention signée avec l'Angleterre, 5 mars 79, et avec l'Allemagne, 14 mai 88, pour l'assistance à donner aux marins français délaissés, ils ont droit à l'assistance et au rapatriement. Organisation par les Chambres de commerce et les Sociétés de sauvetage de plus de 90 life-boats qui sauvent annuellement près de 500 naufragés, surtout le long du littoral nord et ouest.

Principaux travaux des ports : Bordeaux, Honfleur, Oran, Boulogne, Cette, Dunkerque, Dieppe, Rouen, Marseille, Cherbourg et surtout Calais récemment inauguré.

5° Pour la NAVIGATION INTÉRIEURE (fleuves et canaux).

Loi relative au classement et à l'amélioration des voies navigables (6 août 79). Nous avons vu, (p. 4) que le réseau fluvial navigable et flottable s'élevait en 1888 à 11.855 kilomètres, les canaux à 4.789.

Ces voies parcourues surtout par les marchandises pondéreuses et à bas prix étaient soumises à des taxes de navigation lourdes pour la batellerie, surtout depuis la suppression de l'impôt de 5 % sur la petite vitesse, — ces péages devenus un véritable impôt ont été supprimés pour les patrons ou mariniers sur les canaux administrés par l'Etat, c'est un dégrèvement de 5 à 6 millions (loi du 19 février 1880).

Ils subsistent sur les canaux des Sociétés privées, mais pour en diminuer le nombre, des rachats de canaux sont faits par l'Etat de 1879 à 1886 et aucune concession nouvelle à une société privée n'a été consentie sous la troisième République (1).

6° Ce qu'a fait la République pour les SOUS-OFFICIERS de marine.

Ces sous-officiers peuvent être rengagés et commissionnés dans les mêmes conditions que ceux de l'armée de terre (loi du 18 mars 89), et à un taux plus élevé, 1re mise 1.000 fr., gratification annuelle 250 fr., prime de rengagement de 5 ans 2.000 fr., des emplois aux colonies leur sont réservés ainsi que des concessions de terrain.

Création de Cours préparatoires pour les 1ers maitres candidats au grade d'enseigne de vaisseau, classement de sortie au concours publié à l'Officiel, et promotion *d'après ce classement* (décret 21 avril 88).

Le personnel administratif secondaire de la marine, est divisé en 4 classes : personnel des manutentions, magasiniers, distributeurs, personnel des directions de travaux, de la comptabilité-matières, des agents du Commissariat ; le traitement, augmenté par la République, varie de 1.200 à 2.539 fr.

7° Pour les OFFICIERS de la Marine Militaire

La solde et la retraite (loi du 5 août 79) sont améliorées parallèlement à celles de l'armée de terre.

	Solde à la mer	Retraite maximum	Veuves et orphelins
Capitaine de vaisseau...	9.814	6.000	2.000
— de frégate...	8.033	5.000	1.667
Lieutenant de vaisseau..	4.168	3.300	1.100
Enseigne.............	3.031	2.500	833

(1) Les dépenses en travaux tant sur fonds du Trésor que sur fonds d'avances et de concours se sont élevées de 1879 à 1887, pour les rivières, à 185, pour les canaux à 249 millions. (*Statistique de la navigation intérieure*, 1888, p. 71).

Les officiers de réserve de l'armée de mer sont recrutés parmi les officiers de marine démissionnaires ou retraités, ils conservent leur grade d'activité et sont rattachés aux divers ports.

Création récente de 2 mécaniciens inspecteurs avec grade, solde et retraite de capitaine de vaisseau, 10 mécaniciens en chef, 70 principaux de 1re classe, 160 de 2e (décret 12 mars *89*), ce progrès était attendu depuis longtemps.

8° Pour les **OFFICIERS** de la *Marine Marchande*

Pour les officiers de la marine marchande, (28 décembre 80), admission au commandement des bâtiments de commerce après examen public à date et itinéraire publiés, l'embarquement sur les navires de l'Etat dans quelque parage que ce soit compte toujours pour les 30 mois de long-cours exigés. Nul ne peut être employé en qualité de mécanicien s'il ne produit des certificats de capacité — en outre les marins étrangers ne peuvent être ni capitaines de commerce, ni directeurs de machines à bord de navires français (déc. du 21 avril 82).

Sans doute la République à laquelle on demande beaucoup n'est pas parfaite. La création d'un Conseil supérieur de la marine marchande, de maisons de marins (*sailor's home*) comme il en existe en Angleterre, aux Etats-Unis et en Hollande, la surveillance des placeurs de marins, « ces marchands d'hommes, » sont des progrès dignes d'audience.

De même les ouvriers des arsenaux maritimes, chefs ouvriers, ouvriers des 4 classes, chefs journaliers des 2 classes, journaliers, apprentis, dont les décrets de 1879 et du 9 août 1883 ont un peu augmenté la solde si insuffisante, se plaignent d'inégalités de salaires dans les 5 ports de Toulon, Brest,

Lorient, Cherbourg et Rochefort, et d'être quelque peu « poussés » vers les cercles catholiques; ils redemandent le jury d'atelier de 1848, et ils ont raison. Mais si la République ne possède pas en faisceau toutes les grâces d'État, elle seule écoute.

Une monarchie quelconque répondrait comme le Rapport à l'Empereur du 10 mars 1855 : « Sire, l'arrêté sur les conditions de l'avancement et des salaires des ouvriers de la marine renferme plusieurs dispositions qui ne sauraient être conservées parce qu'elles sont contraires à la discipline, à la hiérarchie et au principe de l'autorité si énergiquement restauré par vos mains. »

———

Budget de la Marine et des colonies :
En **1869**, **161** millions ;
En **1889**, **260** millions.

CHAPITRE VII
Ce que la République a fait pour les « PETITS » et les PETITS TRAITEMENTS

1° Pour les EMPLOYÉS de CHEMIN de FER

Les petits employés de chemin de fer: hommes d'équipe, chefs d'équipe, garde-freins, graisseurs visiteurs, laveurs de wagons, facteurs, piqueurs, surveillants de nuit, garde-barrières, garde-lignes, garde-tunnels et poseurs de voie du service *actif*, les commis-expéditionnaires du *sédentaire* se plaignaient de ce qu'après 6 mois d'essai d'élèves et **Commissionnés** par les Compagnies, ils subissaient des retenues ou amendes sur leurs maigres salaires, des mises à pied, voire des renvois après une assez longue carrière, prononcés non contradictoirement.

Leur équilibre était instable.

Et, bien que les grandes Compagnies aient institué, avec une philanthropie décente, des caisses de secours, gratifications, remèdes et soins médicaux, billets à 1/10 du tarif pour les familles d'employés, l'Ouest et l'Orléans des économats pour l'alimentation et le chauffage (1), il a paru à la République, cette tutrice d'office des « petits », qu'il y avait à faire mieux, — comme un État des sous-officiers de chemin de fer — et à leur donner plus d'adhérence (2).

(1) Il semble d'après le tarif 21 du 1ᵉʳ février 89, que l'Économat de l'Ouest est d'une économie plus titulaire que réelle.

(2) D'autant que beaucoup sont des sous-officiers pour lesquels la limite d'admission de 30 ans est reculée à 37, ils constituent les réserves du 5ᵉ régiment du génie (*sapeurs de chemin de fer*) créé en 1889.

La loi du 4 août 1885 (Delattre, de Janzé), « Rapports des Compagnies de chemin de fer avec leurs agents commissionnés » établit art. 1er : La convention avec les agents *commissionnés* ne peut être résiliée sans motif légitime et par la volonté de l'une des 2 parties, que moyennant la réparation du préjudice causé — art. 2 (Steeg) : Sont assimilés aux agents commissionnés *tous* employés ou ouvriers de chemin de fer qui participent aux caisses de retraite et de secours.

Ce sont 200,000 familles (1) soustraites à l'arbitraire dit discipline — aux démissions forcées et sans issue, devant (comme les sous-officiers de l'Armée) des *droits* corrélatifs de devoirs à la République qui a créé les Droits de l'Homme.

Il reste encore à faire. Depuis la loi, quelques Compagnies *commissionnent*, dit-on, très lentement. Mais les ouvriers et employés doivent se persuader que la République seule au monde pourra établir une pondération entre les 40,000 fr. des ingénieurs en chef, les opimes jetons de présence des Conseils d'administration et les 90 fr. par mois des « pauvres diables. »

2° Ce qu'a fait la République pour les RETRAITES, les pensions des veuves et orphelins de SES employés de chemin de fer.

Ayant les mains plus libres chez lui, l'État a institué une Caisse de retraite en faveur des agents et employés commissionnés de tous les services de *ses* chemins de fer. La retraite à 55 ans et 25 ans de service est calculée (réseau de l'État) sur le traitement des 6 années les plus élevées (2), la pension est

(1) La statistique officielle des chemins de fer (Travaux Publics) prévoit 83 agents, employés ou ouvriers par myriamètre.
(2) La Préfecture, l'Assistance publique et l'Octroi de Paris retraitent à 1/2 du traitement moyen des 3 dernières années, veuves 1/3 du mari.

reversible « pour moitié » sur la veuve et les enfants (art. 12); en cas de réforme médicale, la retraite est de droit à 50 ans et 20 ans de service. (Décret du 13 janvier 80.)

3° *Ce qu'a fait la République pour les petits employés* des PONTS et CHAUSSÉES

La loi d'Empire de 1851 avait divisé les conducteurs en six classes de 1.200 à 2.500 fr., ce qui mettait « ces suspects » en infériorité notable vis-à-vis des gardes d'artillerie et du génie; aujourd'hui leurs appointements encore modiques varient de 1.700 (4ᵉ classe) à 3.000.

D'après un décret républicain de 1850, un sixième des places de sous-ingénieur devaient être réservées aux conducteurs par voie d'examen, mais (et c'est un bel exemple de la façon dont l'Empire *tournait* les textes) sur cent places, leur 1/6, leur propriété légale, leur *dû*, les conducteurs n'en ont obtenu que 12 en 30 années. (*J. off.* 25 juin 1889, p. 1.575).

Un examen si particulièrement éliminatoire — et imprenable — atténue quelque peu de la part de ces refusés quand même, le mot vif de « coterie polytechnique. » Plus de cent d'entre eux font fonction d'ingénieur, lèvent les plans, proposent les devis et détails estimatifs relatifs aux projets font les toisés, dessins, nivellements, c'est assez de titres pour qu'ils aspirent aujourd'hui à 1/3 des places au lieu de l'ancien 1/6.

M. le président Carnot alors qu'il était ministre des Travaux publics, n'a pas hésité à autoriser un certain nombre de conducteurs à suivre les cours de l'Ecole des Ponts et Chaussées.

Au-dessous des conducteurs les commis ont été divisés par la République en 5 classes, de 1ʳᵉ classe 1.800 à stagiaires 800 avec 2 ans de stage (art. 4) et allocations accessoires d'indemnité de résidence et frais de déplacement. Décret du 9 juin *88*.

Enfin les agents inférieurs « les plus humbles » des Ponts et Chaussées n'ont pas été oubliés : éclusiers, barragistes, pontiers de la navigation intérieure et des ports maritimes ou de commerce ont vu leurs traitements portés : pour les premiers de 550 à 700 fr., pour les seconds de 400 à 600, les gardes de phares et fanaux de 200 à 575, — tous avec indemnité de résidence et de logement.

Ces petits employés si utiles, que l'on appelait modestes par une amère ironie pour avoir un prétexte à les oublier, pourront désormais être nommés jusqu'à l'âge de 45 ans s'ils justifient de 10 ans de services militaires ou civils.

4° Ce qu'a fait la République pour les petits employés des **POSTES et TÉLÉGRAPHES**

Sous l'Empire, les facteurs ruraux avaient une moyenne de 6 centimes par kilomètre de parcours, soit environ 550 fr. (1).

En 1888, 7 centimes 1/2 par kilomètre, plus un petit droit sur les recouvrements, dépôts à caisse d'épargne, timbres-postes, etc.—3.000 facteurs ayant un parcours de 32 kil. jouissent du traitement moyen de 850 fr., plus 150 fr. de haute paye ; on leur donne de temps immémorial deux blouses bleues par an, l'Administration voudrait y substituer deux vareuses et accorder au moins un pauvre jour de congé mensuel à ces marcheurs perpétuels qui ne sont d'aucune fête.

Pour les **retraites** la loi d'Empire sur les pensions du 9 juin 1853 avait eu soin d'oublier avec préméditation les facteurs, ces distributeurs de l'é-

(1) 9.244.200 fr. au Budget de 1869 pour 16.639 facteurs ruraux.

crit, tout comme les instituteurs, ces distributeurs de l'oral (1).

Liquidées à raison des retenues opérées depuis 1853 seulement, ces retraites furent jusqu'à la fin de l'Empire d'une misérable exiguité et ces rognures sur le pain des petits payèrent les énormes cumuls de quelques grands.

En 1876, la République a élevé toutes ces pauvres pensions à une moyenne de 400 fr. et comme le Ministère des postes transformé en simple Direction a produit une économie nette de 68.093 fr., il serait juste de répartir cette somme entre tous ces « petits », des emplois de début : — facteur rural et local, facteur de télégraphe, ouvrier d'équipe, surveillant mécanicien, gardien de bureau, facteur boitier, commis auxiliaires à 600 fr. — et des autres emplois non de début : chargeur, entreposeur, courrier convoyeur, gardien de bureau ambulant, surnuméraire, agent trieur (catégorie nouvellement créée) et même brigadier-facteur, brigadier-chargeur — tous employés suivant l'expression de l'un d'eux « autrefois moins payés que des maçons ». (2).

5° Ce qu'a fait la République pour les petits employés du SERVICE FORESTIER.

(Décret du 23 octobre 83.) Pour faciliter aux préposés des Eaux et Forêts l'accès au grade d'inspec-

---

(1) Les directeurs d'Ecoles normales primaires eux-mêmes portaient avec les facteurs ruraux le titre de *nouveaux assujetis*, les sujets d'Algérie ne furent même assujetis à la retenue par conséquent retraités de quelques deniers qu'en 1858. — 5 ans après la loi.

(2) Les facteurs de Paris avec 1,000 francs par an, 100 francs de séjour, 50 francs de chaussure et l'habillement, ne distribuent des lettres qu'après 6 ans de levée de boîtes ou distribution d'imprimés. Tous facteurs ruraux, locaux ou de ville (et c'est ce qui les rend particulièrement intéressants), sortent des sous-officiers, caporaux ou soldats « robustes et bien notés sous tous les rapports » (loi du 24 juillet 73).

teur-adjoint, une École d'enseignement professionnel et de sylviculture, est installée au domaine des Barres (Loiret) (1). Les inspecteurs-adjoints seront désormais choisis un *tiers* parmi ces préposés du service actif (art. 4). Projet de loi d'assimilation pour la retraite des préposés forestiers, brigadiers, gardes domaniaux, et même communaux aux militaires de la Gendarmerie (825 francs au lieu des 500 de l'Empire).

Sur 9 millions d'hectares de forêts, 6 appartiennent à des particuliers, 2 aux communes, 1 seulement à l'État, et de ce million, la Restauration a aliéné 163,396 hectares, Louis-Philippe 116,880, l'Empire 71,530, — la République, plus conservatrice que les régimes dits conservateurs, n'a distrait du domaine français en 19 ans, que les 24,650 hectares attribués par l'Assemblée nationale aux princes d'Orléans.

6° *Ce qu'a fait la République pour l'amélioration des* MODESTES TRAITEMENTS

Les sous-ingénieurs ont été portés de 3,000 a 3.500 francs ; les conducteurs et garde-mines principaux à 3,000 ; 1ʳᵉ classe, 2,660 ; 2ᵉ, 2,200 francs (27 décembre 78) — Le décret impérial de 1858 assignait aux juges de paix un minimum de 600 francs, il est élevé de 200 francs par la loi républicaine du 16 novembre 1875 qui fixe la 1ʳᵉ cl. à 1,000, 2ᵉ classe 800 *minimum* avec droits variables.

Le traitement des maîtres élémentaires de l'Enseignement spécial est augmenté de 300 francs et porté à: 1ʳᵉ classe 1,500; 2ᵉ 1,300; Paris et Versailles, classe unique 1,700 francs (25 mai 78).

Les professeurs des collèges communaux sont

(1) Cette École a été appelée « le Saint-Maixent » par les hauts Forestiers qui regardent de haut l'Institut agronomique et pensent volontiers le « il y a fagots et fagots » de Molière.

divisés en trois classes avec maximum, 1re classe 2,500, 2e 2,300, 3e 2,000.

7° *Réduction démocratique des charges des* «**PETITS**».

La suppression totale des **Bureaux de placement**, projet de loi déposé à la Chambre, vient d'être appuyée d'un vœu du Congrès des Conseils de Prud'hommes à la Bourse du travail de Paris; nul doute que cette création de l'Empire destinée comme le livret à tenir l'ouvrier et l'employé « en observation » ne soit « décréée » par la prochaine Législature (1).

Sur 474 communes de plus de 5,000 âmes, il n'y en a que 48 qui n'aient pas d'octroi ; dans toutes les autres, les maison du pauvre dans la banlieue, étaient soumises au même taux (contribution des portes et fenêtres), que celles des riches au centre et dans les belles rues. On avait étendu abusivement les taxes jusqu'à y comprendre des hameaux éloignés.

Désormais la banlieue ne sera plus soumise qu'au tarif rural (Loi du 30 juillet 85, Roche).

Budget des petits.

Empire **1869**. Personnel des sous-ingénieurs et conducteurs des Ponts et Chaussées, 4,300,000. Agents de la pêche fluviale, 339,500. Garde-mines, 189,700.

République **1889**. Personnel des sous-ingénieurs et conducteurs des Ponts et Chaussées, 7,250,000. Agents de la pêche fluviale, 354,200. Garde-mines, 448,500.

(1) Déjà des Bureaux de placement *gratuits* fonctionnent dans plusieurs mairies de Paris, notamment au VIe.

CHAPITRE VIII

Ce qu'a fait la République pour TOUS LES FRANCAIS

1° Le BON PLAISIR monarchique réduit à son minimum humain

L'État de siège ne pourra être déclaré que par une loi et en cas de péril imminent résultant d'une guerre étrangère ou d'une insurrection à main armée 3 avril 78 (1)

Loi Treveneuc (23 février 72) : Si la Chambre venait à être illégalement dissoute ou empêchée de se réunir, les Conseils généraux s'assembleraient *immédiatement de plein droit* et sans convocation au chef-lieu du département; ils pourvoieraient d'urgence au maintien de la tranquilité publique et de l'ordre légal. Une assemblée de 2 délégués par Conseil général, se réunirait aux députés ayant pû se soustraire à la violence, et prendrait les mesures urgentes pour rendre aux Chambres l'indépendant exercice de leurs droits.

Vente aux enchères publiques d'une partie des Diamants de la couronne (Raspail, J. Ferry Léon-Say) la couronne impériale et le « glaive de Louis XVIII» sont destinés à la fonte; le produit net de cette liquidation converti en rentes sur l'Etat, est déposé à la caisse des Dépôts et Consignations pour création d'une *Caisse des Invalides du Travail* (15 juillet 89).

Ce luxe donnera du pain.

(1) L'Etat de siège proclamé à Paris en 1871 ne fut levé que le 29 décembre 1875, *4 ans et demi* après.

2· Ce qu'à fait la République pour la LIBERTÉ

Liberté de Réunion d'Association et de *Presse* qui ne fut à aucune époque aussi libre de dépasser la liberté.

Loi sur la liberté des funérailles (22 septembre 87 Chevandier). Les honneurs funèbres seront appliqués, que les funérailles soient civiles ou religieuses ; tout testateur peut en indiquer avec le caractère les personnes destinées à y veiller ; ces dispositions ont la même force que celles relatives aux biens (article 3), leur non exécution tombe sous le coup des articles 199 et 200 du code pénal. Comme complément à cette loi, décret sur les incinérations et inhumations (27 avril 89).

3· Pour l'ÉGALITÉ

Le remplacement est supprimé par la loi du 27 juillet 72, qui reproduit l'article 1·· de la loi du 19 fructidor an VI. « Tout français doit le service militaire personnel ». (les Républiques vivent d'égalité comme les monarchies de privilège).

Le *Service de 3 ans* du 16 juillet *89*, fait le nivellement plus exact encore en supprimant le Volontariat et en donnant par le «Tous à la caserne» une 2·· leçon d'égalité au Français qui a reçu la 1·. par le « Tous à l'école ».

La loi sur la nationalité 26 juin *89*, en facilitant la naturalisation augmente le nombre des recrues et l'égalité des charges et devoirs civiques. Etablissement d'un état civil régulier pour les indigènes de l'Algérie réclamé depuis 30 ans, 29 mars 82 ; enfin un grand nombre de places autrefois le prix de «toute espèce de services», sont données au concours et au plus digne (Carrières diplomatique et consulaire, administrations, enseignement. (1)

(1) Pour les nombreuses lois de liberté et d'égalité qui constitueraient des répétitions (voir p. 22 et suivantes).

4° Ce qu'à fait la République pour la
FRATERNITÉ

Loi Th. Roussel «protection des enfants du 1·· âge,» les maires, des inspecteurs régionaux, des commissions locales sont chargés d'assurer l'exécution de cette loi et de celle du 19 mai 74, sur le travail des enfants et des mineurs employés dans l'industrie; ils ne peuvent être astreint à aucun travail de nuit avant 16 ans, au travail souterrain avant 12 ans, tours de force et dislocation également avant 16 ans.

Cette loi contre l'usine et l'usure prématurées (1) a été complétée dans ses intentions protectrices par la loi de juillet *89* sur le travail des enfants, des filles mineures et des femmes dans les établissements industriels, les enfants ne peuvent y être admis avant l'âge de 13 ans (sortie d'école) et sans un certificat médical d'aptitude physique, — pas plus de 12 heures de travail par jour (art. 3), pas de travail de nuit avant l'âge de 16 ans. (art. 4)

La loi récente sur la protection des enfants maltraités ou moralement abandonnés, 24 juillet *89*, venant s'ajouter à celle sur les enfants délaissés, ces fils d'un crime que la loi n'atteint pas, établit les cas de déchéance et d'indignité paternelles (condamnations, excitation de mineurs à la débauche (art 2). On lui substitue la tutelle de l'Assistance publique (art. 11), de l'Etat et de Comités de patronage, qui soustraient le pauvre enfant « tombé du nid » au racolement du crime.

Décret qui crée l'inspection régionale des services de l'Hygiène et un Conseil supérieur de l'Assistance

(1) L'industrie tend à augmenter sa capacité de concurrence par l'usure de l'homme, des machines et l'allongement des journées; une législation de protection internationale du travail s'ébauche déjà pour le travail de l'enfant et de la femme — elle s'étendra à l'ouvrier.

publique (11 avril 88) — puis aide au salaire insuffisant des femmes par l'admission de 6,000 d'entre elles aux Postes et Télégraphes, dont 4,700 *receveuses* dans les départements exécutent tous les travaux afférents à un bureau de poste et télégraphie (1).

Enfin deux lois *d'Amnistie* l'une pour les condamnés de la Commune qui justifient presque tous cette mesure fraternelle par leur lutte actuelle contre le Monarchisme, l'autre qui a clos dignement la session de *1889* par des paroles cordiales de pardon (Amnistie des faits de grève, des crimes ou délits relatifs à l'affaire de Montceau-les-Mines, jugée dans l'année 1885, 19 juillet 89).

5° *Ce qu'a fait la République pour la* MORALISATION

Loi du 4 août 82 (Dreyfus). Répression d'outrage aux bonnes mœurs par vente, exposition, affichage ou distribution gratuite d'imprimés ou charges obscènes, faits qui sont assimilés aux outrages publics à la pudeur. Lois sur la diffamation commise par correspondance postale circulant à découvert et sur l'Ivresse publique (Roussel et Desjardins, 23 janvier 73).

La **Réforme judiciaire** n'a porté que sur le personnel, sa réduction et celle des classes, mais sans suppression de cours ou tribunaux.

On a écarté pour le moment l'amovibilité, l'élection, la réduction des frais de justice, l'extension encore plus grande de la juridiction familiale des juges de paix. Le but a été la proximité et la célérité pour le justiciable. Un *bon marché* relatif s'imposera, et la loi récente sur la procédure à suivre dans les Conseils de Préfecture (6 titres, 68 articles)

---

(1) La *Femme et l'Enfant*, 19 janvier 88, p. 33.

vient par atténuation des délais et difficultés d'entrer dans cette voie perfectible.

La loi du 8 mai 1816 condamnait les époux à un double adultère que les enfants pouvaient « noter. » Le *Divorce* est venu faire cesser ce flagrant délit familial, la séparation de corps est maintenue parallèlement pour l'entière liberté de conscience, le divorce par consentement mutuel est abrogé pour éviter le relâchement; il y avait déjà 17 cas de nullité ecclésiastique.

On ne paraît pas devoir abuser du divorce, au contraire, un projet de loi (Gomot), dans le but de faciliter le mariage des indigents, tend à en modifier les dispositions légales par diverses gratuités.

Toutes ces mesures qui prouvent de longue date que la République ne veut atteindre ni l'ordre, ni la propriété, ni la famille ont été couronnées par la loi de haute moralisation sur les **Récidivistes** (Martin-Feuillée, Gerville-Réache, Waldeck-Rousseau. 80 % des délits, 50 pour cent des crimes sont fournis par ces « habitués », l'honnête ouvrier ne doit plus être exposé au contact de ce contage.

En l'an II de la République on avait déjà senti cette nécessité de relégation pour les « incurables », la loi du 27 mai 85 ne frappe de même que les malfaiteurs d'habitude et « de carrière »,

Elle supprime la surveillance de la haute police qui en oblitérant le travail suggérait le délit, crée la libération provisoire pour les détenus de bonne conduite — les relégués eux-mêmes peuvent recevoir des terrains et déchus de l'ancienne France en mériter une nouvelle.

Un projet de loi sur les prisons de courte peine, la réforme des prisons départementales dans le sens de la séquestration individuelle, la liberté conditionnelle, le patronage, la réhabilitation sont autant de mesures dirigées contre cette *récidive* concours et enseignement mutuel du mal.

Trois années d'expérience ont donné 5.302 rélégations, 2.289 expédiés, 344 prêts à partir en mars 89, les condamnations pour vagabondage sont tombées de 18.082 à 17.422, mais pour l'effet complet de la loi qui n'est qu'à longue échéance, il faut que le relégué demeure convaincu qu'on exigera de lui un travail pénible. (*J. off.*, 27 mars 89. Rapport Dislère).

La guérison radicale consiste dans la guerre à la misère et à l'ignorance, ces deux procureuses.

Il faut graver sur la porte des maisons d'école et sur le cerveau de l'écolier la phrase de Franklin: « Il y a *intérêt* à se bien conduire. »

6° Ce qu'a fait la République pour la DIGNITÉ NATIONALE.

Pour la première fois depuis un siècle, au Budget de 1890, refus des *fonds secrets*, inutiles dans la maison de verre de la République.

La Réaction, qui détient les 4/5 des grandes propriétés et grandes fortunes de France, voyant poindre l'impôt sur le revenu et autres menaces égalitaires, tente l'achat des votes que « ses moyens lui permettent », et l'assaut du Suffrage universel par les suggestions de la réclame.

Elle veut tourner l'ouvrier contre lui-même, faire les élections par « inondation de papiers ». La loi antiplébiscitaire contre les candidatures multiples, vient d'être votée pour déjouer ces tentatives de prendre la démocratie au filet de ses libertés (24 juillet *89*).

Loi relative au siège du Pouvoir exécutif et des Chambres à Paris (10 juillet 1879, Floquet); loi assurant, à titre de récompense nationale, des pensions viagères aux survivants des blessés glorieux de février 1848, et à leurs veuves et orphelins (18 avril 88); indemnité aux victimes des coups d'Etat de 1851 et de la loi de sûreté générale de 1858 — funérailles publiques aux frais de la nation française, de Kuss, maire de Strasbourg et député d'Alsace, mort à Bordeaux en 1871 ; de Gambetta, Chanzy, Louis Blanc, Paul Bert, amiraux Courbet et Jaurès, Victor Hugo, Chevreul.

Loi d'hier, relative à la translation au Panthéon des cendres de Lazare Carnot, Marceau, Latour d'Auvergne et Baudin — 4 août 89 — jour commémoratif de l'abolition des privilèges.

Consciencieux, sans attache officielle ou officieuse, écrivant avec tout notre cœur républicain, interrogeant par dessus tout les *faits* qui ont seuls l'impartialité historique du *Vrai*, nous avons relevé patiemment dans le *Journal Officiel* — une à une — les séances de la dernière Législature.

Ce relevé, de facile contrôle, montre que la Réaction a fait trop souvent, de ses mains, l'*Obstruction parlementaire.*

Elle immobilisait la Législature pour crier à l'immobilité et accusait une stérilité dont elle fut, à souhait, l'agent provocateur.

Le *Journal Officiel* témoigne pour les sessions de la *Chambre* **1885-89** de :

90 *interpellations* dont **63** de la Droite ;
110 *questions* dont **75** de la Droite ;
49 séances à incidents ou *boucan* — *toutes de la droite.*

Nous n'ajouterons rien sachant qu'il y a beaucoup de bon sens pratique en France.

Et que les **Conclusions** les plus solides sont celles que le lecteur tire lui-même — *des faits.*

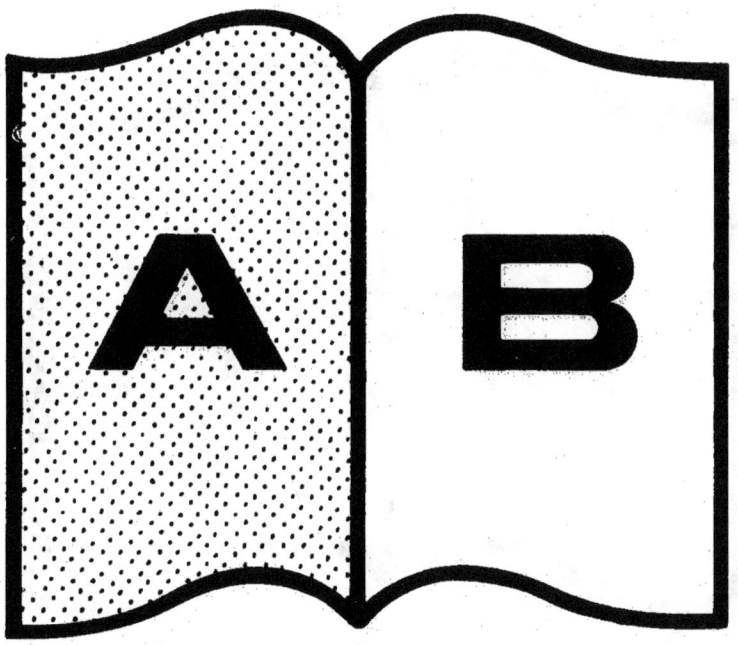

Contraste insuffisant

NF Z 43-120-14

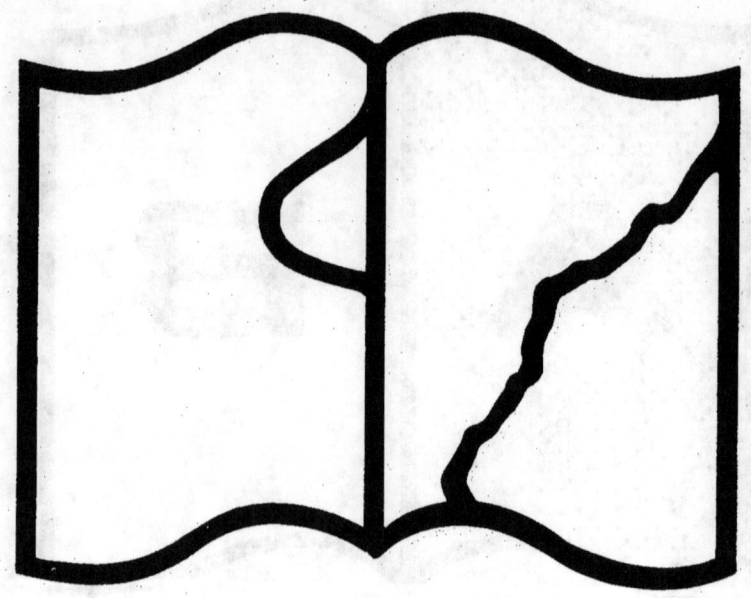

Texte détérioré — reliure défectueuse

NF Z 43-120-11

www.ingramcontent.com/pod-product-compliance
Lightning Source LLC
LaVergne TN
LVHW051507090426
835512LV00010B/2389